世界の
歴史・経済・自然環境が
わかる！

なんでも世界一図鑑

監修
佐藤幸夫
代々木ゼミナール・
ユーテラ世界史講師

見書房

もくじ

※本書の情報は2024年10月現在のものです　※国・地域名について各ページでは略称を用いています
※本書には「ある一時期に世界一だった」「かつて世界一だった」情報の紹介も含みます

本書の見方

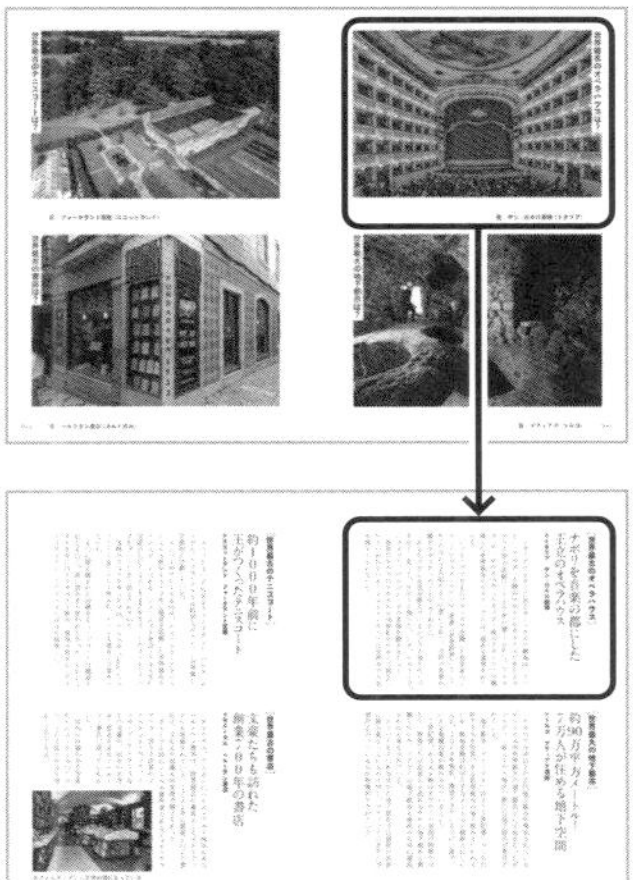

「世界一の〇〇」という写真の詳しい解説が、ページをめくった次の見開きにあります。

本書に登場する世界の国々

※国の表記は外務省のウェブサイトを参考にしました

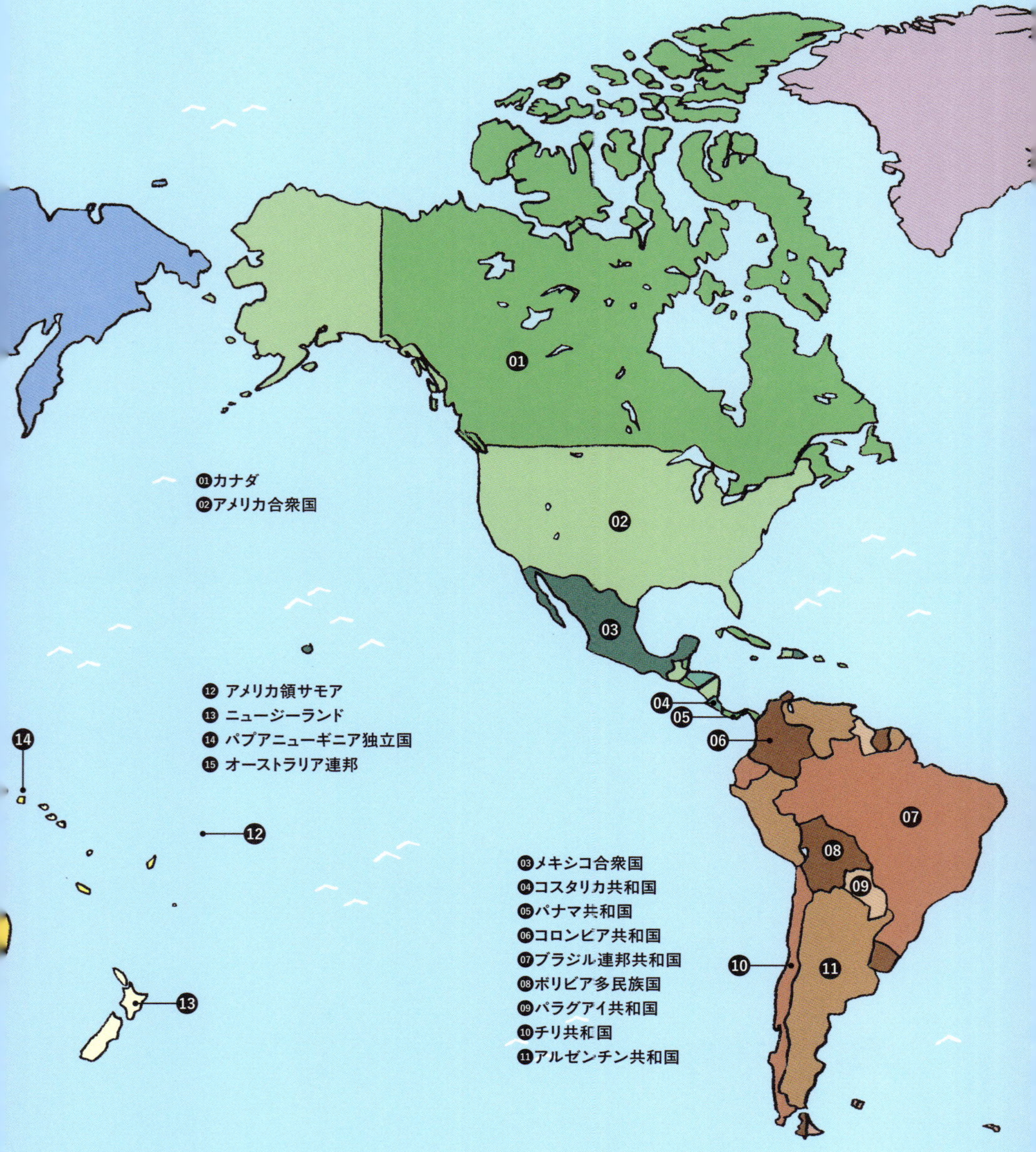

南極

47 ポルトガル共和国
48 スペイン王国
49 モナコ公国
50 フランス共和国
51 イギリス
（グレートブリテン及び北アイルランド連合王国）
52 アイスランド
53 ベルギー王国
54 オランダ王国
55 ルクセンブルク大公国
56 スイス連邦
57 イタリア共和国
58 バチカン
59 ドイツ連邦共和国
60 オーストリア共和国

61 チェコ共和国
62 ハンガリー
63 ポーランド共和国
64 ギリシャ共和国
65 キプロス共和国
66 ノルウェー王国
67 フィンランド共和国
68 ロシア連邦
69 ウクライナ

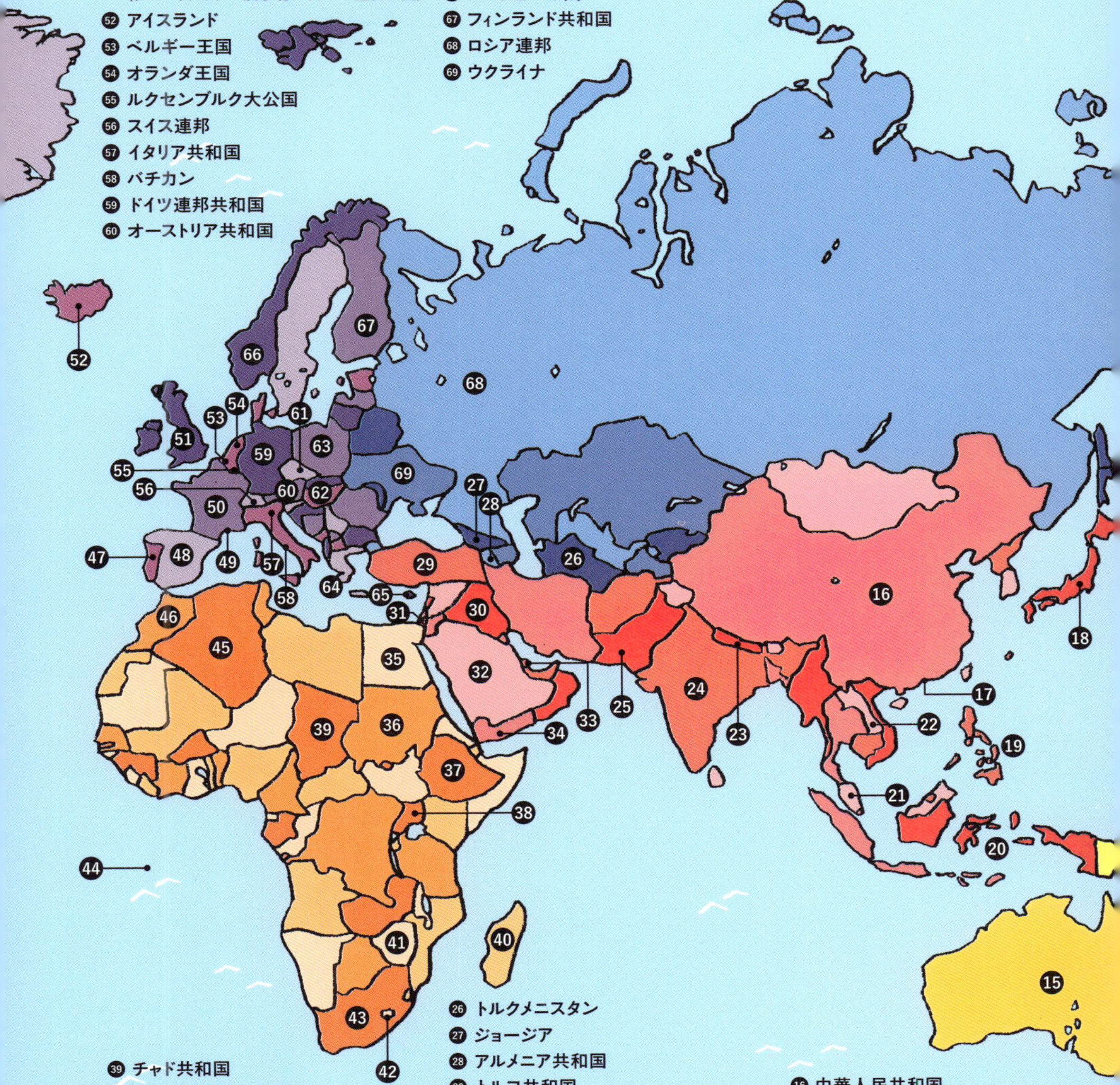

39 チャド共和国
40 マダガスカル共和国
41 ジンバブエ共和国
42 レソト王国
43 南アフリカ共和国
44 イギリス領セントヘレナ島
45 アルジェリア民主人民共和国
46 モロッコ王国

26 トルクメニスタン
27 ジョージア
28 アルメニア共和国
29 トルコ共和国
30 イラク共和国
31 イスラエル国
32 サウジアラビア王国
33 カタール国
34 イエメン共和国
35 エジプト・アラブ共和国
36 スーダン共和国
37 エチオピア連邦民主共和国
38 ウガンダ共和国

16 中華人民共和国
17 香港
18 日本
19 フィリピン共和国
20 インドネシア共和国
21 マレーシア
22 ラオス人民民主共和国
23 ネパール
24 インド
25 パキスタン・イスラム共和国

世界一にふれる楽しみ、知る大切さ

1年のうち3～4ヶ月だけ日本に帰国し、予備校とYouTubeで配信する授業を収録する出稼ぎ労働者として、現在エジプトに居を構えています。ご存じの通りエジプトはピラミッドでも知られ、〈世界最古〉と呼ばれるものをいくつも保有している国です。

これまでも世界102ヶ国を訪れ、様々な〈世界一〉をこの目で見て、この手でふれ、この心で感じてきました。もちろん、このことは、世界史講師という職業にもプラスになってきましたが、なにより人間としての視野や可能性を広げてくれた経験でした。

「物知りですね」とよく言われることがあります。三十五年も予備校で世界史を教えていますと、職業柄か、普段の私生活において、〈表面的な知識〉をいかにもよく知っているかのように話す悪い癖がついてしまいました。相手は感心し、耳を傾けてくれますが、自分でもよくないと反省することも少なくありませんでした。しかし、意外にこの悪い癖、自分にとっては決してマイナスばかりではないと最近感じるようになりました。それは、主に〈雑学〉という分野においてです。

というのも、〈表面的な雑学〉を語ったあとに、「あのときの話なんだけどさ～」と深めに突っ込まれて答えられなかったら……という恐怖心からか、語ったことについてすぐに細かく調べるというよい癖がついてきたのです。そしてそれがいつの間にか、相手が理解できるように話すことができる〈本物の雑学〉へと変わっていくという、好循環な〈雑学増強スキーム〉のような形になりました。

知っていることを人に話した時点で、「その知識に責任を持つべき」という理念のようなものが私自身にあるようです。

しかし、これを〈職業柄〉と片付けるのはいかがなものかとも思います。

近年、世界にふれる機会が減り、世界に興味を失いつつある多くの日本人にとって、〈ちょっとした雑学〉にふれることの重要性がそこにあるのではないでしょうか。それが〝世界一〟というアイテムになれば、なおさら世界への興味を再認識し、視野を広げるチャンスになるはずです。だからこそ雑学、本書のような「雑学本」が大切なのだと確信しています。

今回、監修のご依頼をいただいたとき、「いやいや、旅好きの世界史講師に過ぎないので……」と当初は消極的でした。しかし大げさではありますが、〈人生の盲点〉だったようなものもあり、監修というお仕事だったはずが、世界史講師のさらなる話題集めのための学びになったというのが正直な感想です。

世界最大、世界最長、世界最古、世界最多……まさに、「最強の雑学」。もしかしたら、知らなくてもいいことなのかもしれませんが、これを知って、他人に話すことで、「知識への責任」が問われ、さらに調べて、興味はさらに広がるというメソッドになっていくことでしょう。もちろん、すべてのことに興味を持ち、すべてを細かく知るという必要はありません。本書『なんでも世界一図鑑』をさらりと読み、興味をそそられるものだけをさらに調べていく……自分の人生の盲点だった部分を本書で埋めていただけることで、視野が広がり、ひとまわり大きくなった自分を感じることができるのではないでしょうか。

読者の皆様に、世界の古さや深さや大きさを感じていただけたのなら、本書を監修させていただいた使命を果たせたことになれますので、ぜひ本書を手に取り、「最強の雑学」の泉の中に飛び込んでみてはいかがでしょうか。必ずや、皆様の見える世界が大きく変わることをお約束します。世界はやはり〈知の宝庫〉です。

佐藤 幸夫

・高さ・長さがある？

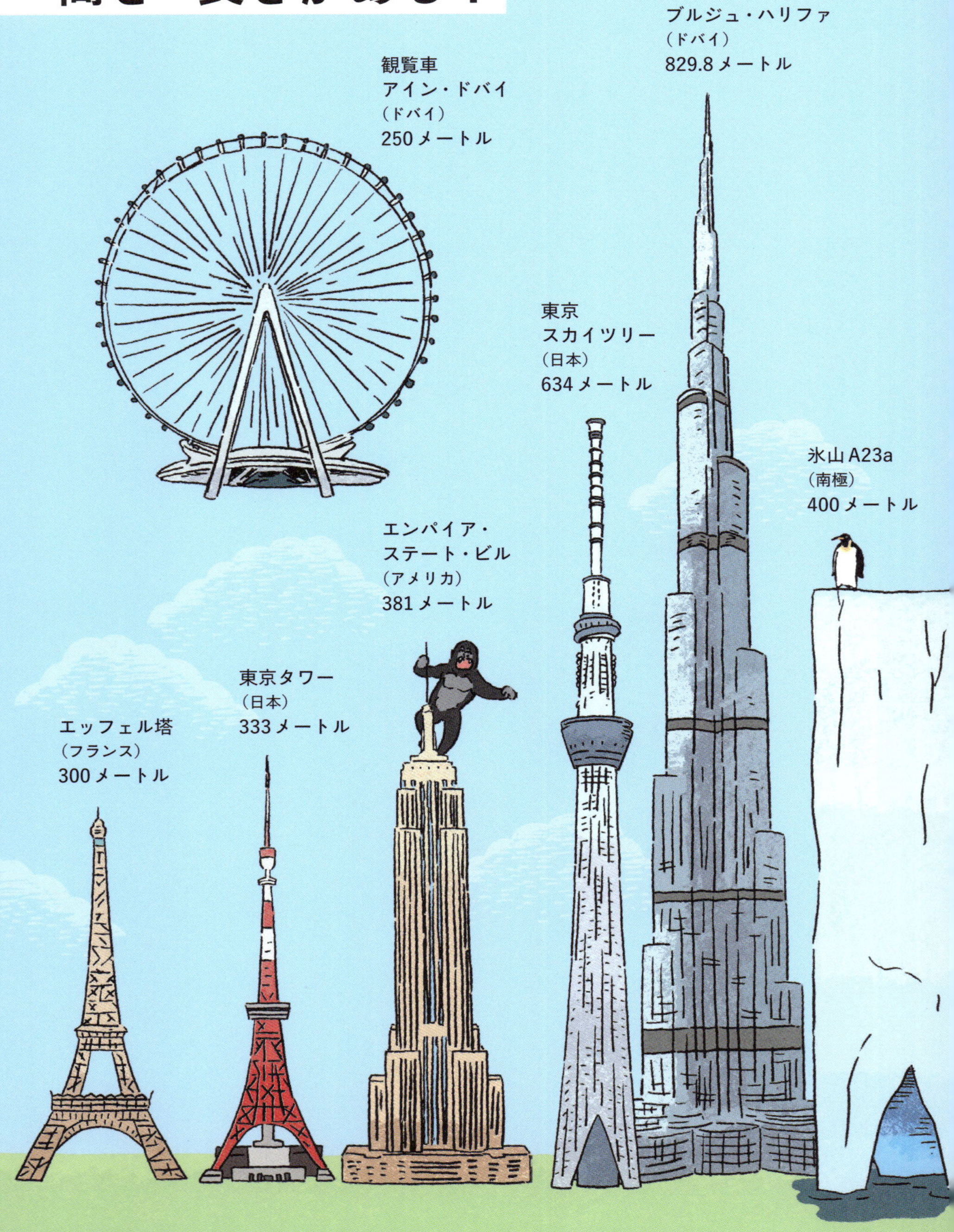

観覧車
アイン・ドバイ
（ドバイ）
250メートル
ブルジュ・ハリファ
（ドバイ）
829.8メートル
東京
スカイツリー
（日本）
634メートル
氷山A23a
（南極）
400メートル
エンパイア・
ステート・ビル
（アメリカ）
381メートル
東京タワー
（日本）
333メートル
エッフェル塔
（フランス）
300メートル

世界にはどんな大きさ

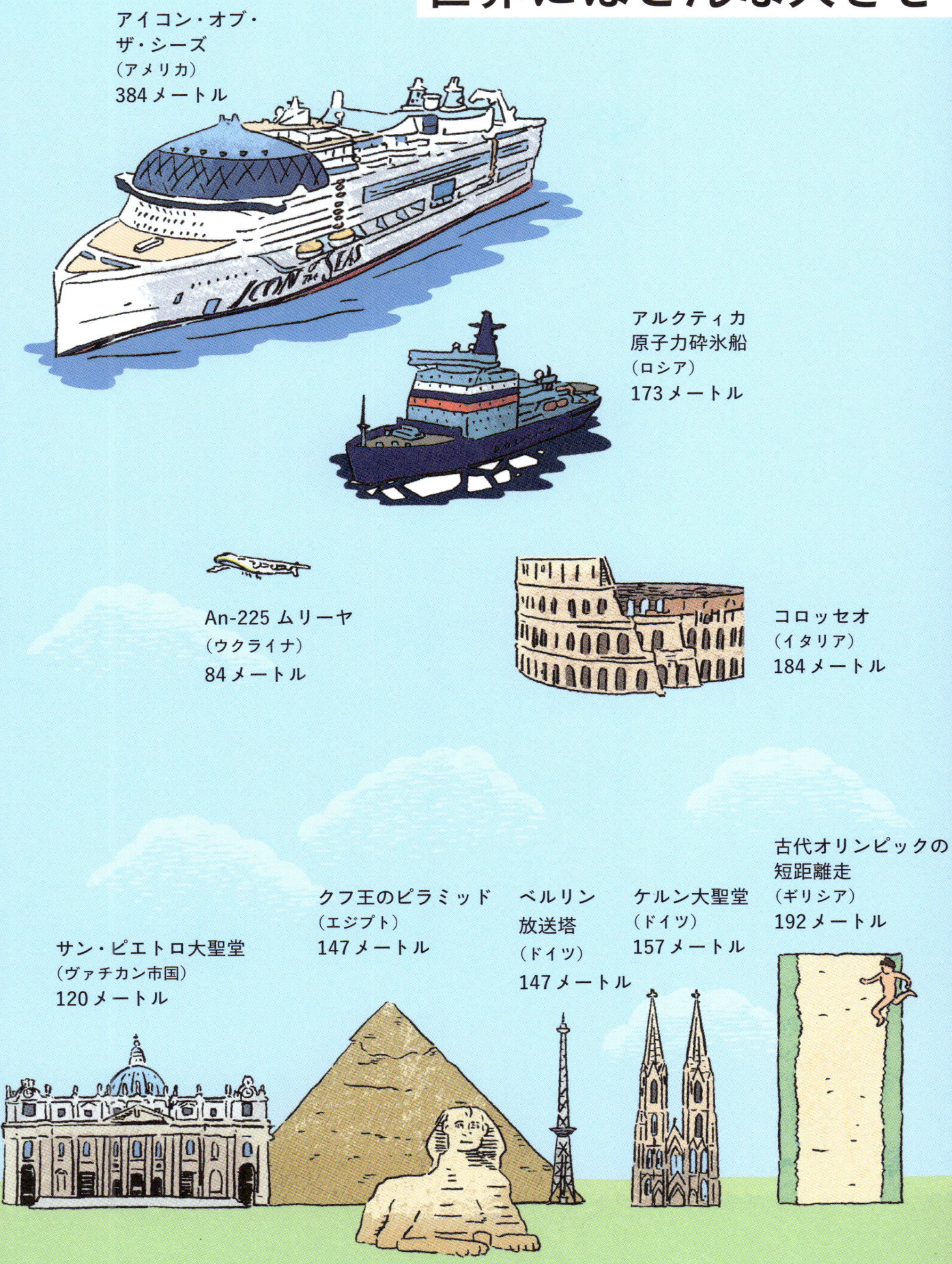

アイコン・オブ・ザ・シーズ（アメリカ）384メートル
アルクティカ原子力砕氷船（ロシア）173メートル
An-225 ムリーヤ（ウクライナ）84メートル
コロッセオ（イタリア）184メートル
サン・ピエトロ大聖堂（ヴァチカン市国）120メートル
クフ王のピラミッド（エジプト）147メートル
ベルリン放送塔（ドイツ）147メートル
ケルン大聖堂（ドイツ）157メートル
古代オリンピックの短距離走（ギリシア）192メートル

大まかな時代の流れ

前17世紀半ば	●ヒッタイト王国の成立
前5000年頃	●黄河文明、長江文明
前3000年頃	●メネス王がエジプトを統一し初代国王に
前2600年頃	●インダス文明の成立　●ストーンヘンジが建てられたと考えられる（前2500年頃）
前16世紀	●殷王朝の建国
前1200年頃	●トロイア戦争
前11世紀	●周（西周）王朝の建国
前8世紀	●ラテン人が都市国家ローマを建設
前6世紀	●仏教・ジャイナ教の発生　●ペルシア帝国がトルコを支配　●エーゲ海沿いでギリシア人による植民活動が盛んに
前4世紀	●アレクサロス大王がアレクサンドリアを建設（前331年）　●インドにマウリヤ朝が成立
前3〜2世紀	●秦の始皇帝による中国統一（前221年）　●古代ローマ共和国がトルコを支配　●ポエニ戦争によりイタリア半島大半がローマ領になる　●漢（前漢）王朝の建国
前1世紀	●プトレマイオス朝エジプトがローマによって制服される（前30年）　●ローマ将軍カエサルによるガリア遠征
4世紀	●コンスタンティノープル（イスタンブル）がローマ帝国の首都となる（330年）　●ローマ帝国の東西分裂（395年）
5世紀	●西ローマ帝国の滅亡（476年）　●ゲルマン民族が侵入し、西ゴート王国を建国　●クローヴィスによりフランク王国が建国される
7世紀	●唐の建国（618年）　●エジプトがイスラーム勢力の支配下に入る
8世紀	●イベリア半島に侵入したイスラーム勢力が後ウマイヤ朝を建国（756年）
9世紀	●カール大帝がサン＝ピエトロ大聖堂で戴冠（800年）
10世紀	●エジプトがファーティマ朝の支配下になりカイロが建設される（969年）

11世紀	●東西キリスト教の完全分離（1054年） ●ノルマン朝の建国（1066年）
12世紀	●南イタリア・シチリア半島に両シチリア王国が成立（1130年） ●北イタリアにおけるコミューン運動 ●ポルトガル王国がカスティーリャ王国より自立
13世紀	●モンゴル帝国の成立（1206年） ●大憲章（マグナ・カルタ）を承認（1215年） ●ラテン帝国が建国 ●ローマ教皇権の絶頂期 ●オスマン朝の成立（1299～1922年まで）
14世紀	●百年戦争（1339年） ●バラ戦争（1455年） ●明の建国（1368年）
15世紀	●コンスタンティノープル陥落（1453年） ●イギリスでテューダー朝の成立（1485年） ●スペイン王国によりグラナダ陥落 レコンキスタ完了（1492年） ●イタリア戦争（1494年～1559年まで） ●イタリア＝ルネサンス（文芸復興）の開花（15～16世紀）
16世紀	●カルロス1世の即位 スペイン＝ハプスブルク家のはじまり（1516年） ●ムガル帝国の成立（1526年） ●オスマン帝国の全盛期（スレイマン1世） ●フェリペ2世がスペイン国王に即位（1556年） ●ユグノー戦争（1562年～）
17世紀	●イギリスでステュアート朝が成立（1603年） ●イギリスで王政復古（1660年） ●ルイ14世の親政開始
18世紀	●フェリペ5世が即位しスペイン＝ブルボン家がはじまる（1700年） ●大ブリテン王国の成立（1707年） ●イギリスでハノーヴァー朝の成立（1714年） ●プラッシーの戦いが起き、イギリスのインド侵略がはじまる（1757年） ●フランス革命がはじまる（1789年） ●ナポレオンによるエジプト遠征（1798年）
19世紀	●ナポレオンがノートルダム大聖堂で戴冠式を行う（1804年） ●スペイン反乱（半島戦争） ナポレオンの兄ジョセフの支配（1808年） ●ウィーン議定書により北イタリアの一部がオーストリア領に（1815年） ●ヴィクトリア女王の即位（1837年） ●アヘン戦争（1840年～） ●アロー戦争（1856年～） ●フランスで第三共和政がはじまる（1871年） ●ムガル帝国の滅亡（1858年）、インド帝国の成立（1877年） ●エジプトがイギリスの保護国となる（1882年。1922年にイギリスから独立）
20世紀	●第一次世界大戦勃発（1914年） ●インドで第一次非暴力・不服従運動（1919年） ●オスマン帝国の滅亡（1922年） ●ファシスト党によるローマ進軍（1922年） ●ムスタファ＝ケマルによるトルコ共和国の建国（1923年） ●インドで第二次非暴力・不服従運動（1930年） ●スペイン革命（1931年） ●スペイン内戦（1936年） ●ナチス＝ドイツによるパリ占領（1940年） ●第二次世界大戦勃発（1940年） ●イタリアが王政から共和制へ（1946年） ●インド連邦とパキスタンが分離独立（1947年） ●エジプトでスエズ戦争、第二次中東戦争（1956年） ●中華人民共和国の建国（1949年） ●スペインでブルボン王朝の復活（1975年） ●ヨーロッパ連合（EU）の成立（1993年）
21世紀	●トルコのエルドアン大統領がハギア＝ソフィアのモスク化を宣言

世界最大の蝶は？

答　アレクサンドラトリバネアゲハ（パプアニューギニア）

 答　ゾウ鳥の卵（マダガスカル）

［世界一大きい蝶］

女王の名がつけられた約28センチの蝶

⚜パプアニューギニア　アレクサンドラトリバネアゲハ

成長したメスの翼長は約28センチ、オスは約20センチというアレクサンドラトリバネアゲハは、世界最大の蝶。現在、プランテーション開発などのため森林の伐採が進み、パプアニューギニアのなかでもさらに限られた場所にしか生息しない。

１９０６年にこの蝶を捕獲した収集家のアルバート・ステュワート・ミークが、当時のイギリス国王エドワード7世の妻、アレクサンドラ王妃にちなんでその名をつけた。並外れて大きいこの蝶は、小鳥を撃つために開発された銃を使って捕獲されていた。そのため初期の標本は翅《はね》のあちこちに銃弾の跡が残されているという。

パプアニューギニアは西半分をオランダ、東半分をドイツ・イギリスに植民地支配された歴史がある。しかし内陸部は自然が厳しすぎたため、どの国にも荒らされず、貴重な原生林が残された。

世界最大の蝶はメス

翼長が30センチ以上の目撃例もある。ハンカチが飛んでいるように見えるといわれた

成虫はハイビスカスやサンタンカの蜜を吸い、幼虫はウマノスズクサの葉を食べる

国際自然保護連合（IUCN）のレッドリストでは絶滅危惧《きぐ》種に分類されている

メスは茶色の翅、オスは青緑色の翅

豆知識　ミークは、ライオネル・ウォルター・ロスチャイルド男爵の依頼を受けて鳥類や昆虫を収集した。そのコレクションや当時の手紙はロンドンのトリング自然史博物館に展示されている。

［世界最大の卵］

長径30センチ！鶏の卵の100倍

❖マダガスカル　ゾウ鳥の卵

２０１３年、ロンドンで世界最大の卵がオークションにかけられた。その卵はマダガスカルで発見された、ほぼ化石化しているゾウ鳥の卵だった。

ゾウ鳥は約２０００年前、人類がマダガスカルに到着したあとに絶滅したといわれている。

オークションでは６万６７００ポンド（約1千万円）で落札された。

ゾウ鳥の卵は大きなもので長径32センチ、短径24センチ、殻《から》の厚さ３～４ミリ、容積は約９リットルになるという。恐竜でもこれほど大きな卵を産んでいない。

２０１６年には古代ＤＮＡ解析技術の進歩により、ゾウ鳥の祖先はもっと小さく、飛んで海を渡ることができ、マダガスカルに到着してから巨大化したことがわかった。北半球にいたゾウ鳥の祖先が７０００万年前に南米に進出し、さらに南極からニュージーランドやマダガスカルに分布を広げたと考えられている。

鶏の卵の約100倍の大きさ

2013年のオークションにかけられたゾウ鳥の卵は長径30センチ、短径21センチ。普通の鶏の卵の約100倍以上の大きさ。残された破片から再現したゾウ鳥の卵では約33センチの長径で、鶏の卵の約180倍の大きさのものも見つかっている

生存する世界一大きな卵はダチョウの卵。ゾウ鳥の卵はダチョウの卵の約7倍の大きさ

コラム

ゾウ鳥ことエピオルニスとは

ゾウ鳥の学名はエピオルニス。そのなかでも最大のエピオルニス・マキシマスは体高約3メートル、体重は400キロ以上、史上最も重い生物だったと化石から推測されている。

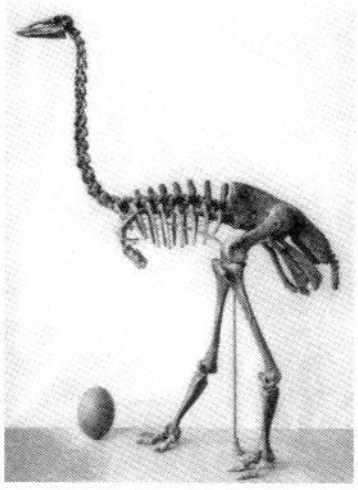

豆知識　古代DNAの解析によりゾウ鳥はニュージーランドのキーウィに最も近い鳥であることも明らかになっている。

世界最古の革靴は？

答　アレニ1（アルメニア）

世界最高額面の通貨は？

答　1垓《がい》ペンゴ紙幣（ハンガリー）

世界最古の成文法典は？

答　ウル・ナンム法典（イラク）

世界最古の株券は？

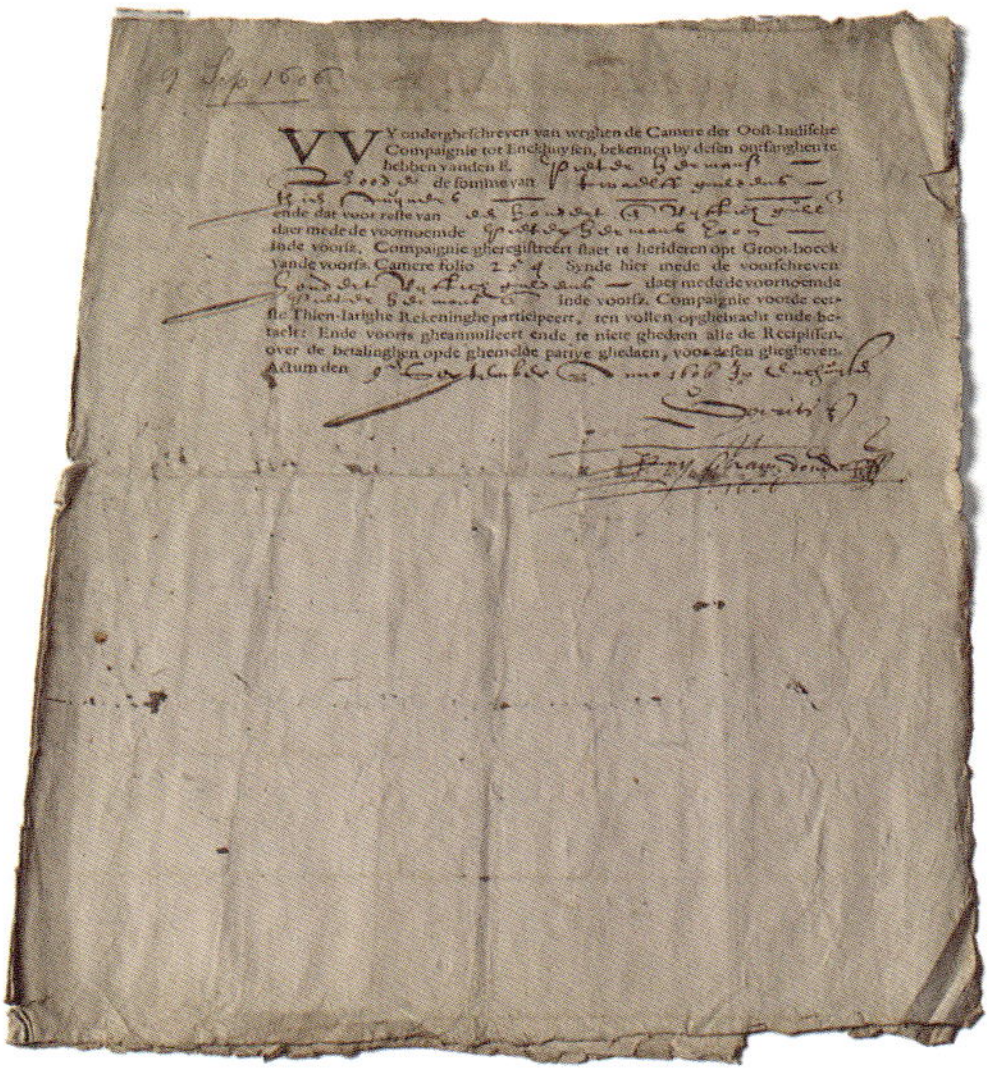

答　オランダ東インド会社が発行した株券（オランダ）

［世界最古の革靴］

紀元前3500年の靴はまるでモカシン？

⚜アルメニア　アレニ1

世界最古の革靴は、アルメニアのアレニ洞窟で発見された。「アレニ1」と呼ばれる。その靴は紀元前3500年につくられたと考えられている。

1枚の牛皮でできていて、サイズは約23・5センチ。つま先付近は革ヒモで編み込まれている。同じアレニ洞窟からは紀元前4000年頃のものとされるワイン醸造所跡、ナイフや刃物、針やピン、工具の錐《きり》も発見されている。

また、銅よりも耐久性が高く優れた素材である青銅の武器や装飾品、祭具も見つかった。

その頃のアルメニアは、新石器時代から青銅器時代に移行する時期で、農業や家畜の飼育が行われ、銅や青銅の技術も発展しはじめていた。

アルメニア地域全体が金属加工や交易の中心地であった可能性も考えられている。

［世界最高額面の通貨］

超インフレ時のハンガリー1億兆ペンゴの紙幣

⚜ハンガリー　1垓ペンゴ紙幣

1946年にハンガリーで発行された1垓ペンゴ紙幣が、世界最高額面の紙幣である。

1945年から1946にかけてハンガリーは深刻なハイパーインフレに見まわれた。1946年1月までに額面は15時間ごとに2倍になり、通貨を交換する必要があった。最終的に10垓ペンゴという金額まで準備された。億、兆、京《けい》の上の単位が「垓」。10垓とは0が21個である。1垓ペンゴまでは実際に発行されたものの、結局10垓ペンゴ紙幣は発行されなかったという。そして世界最高額面であってもほとんど価値はなかった。

1億兆＝1垓＝100,000,000,000,000,000,000ペンゴ紙幣

1億
1兆

豆知識　ハンガリーは現在、消費税が世界一高い国（出典：OECD/2023年）で標準税率が27％。そのかわり個人所得税や法人税を低くし、労働者の負担軽減や外国からの投資誘致を狙っている。

［世界最古の成文法典］
「目には目を」ではなく罪には金銭的な賠償を

♔イラク　ウル・ナンム法典

現在、発見されている世界最古の成文法は、紀元前21世紀頃に制定された「ウル・ナンム法典」。シュメール人によるメソポタミアの都市国家ウルの、第3王朝創設者であるウル・ナンム王（紀元前2112－2095）にちなんで名づけられた。その息子シュルギの時代に完成したという説もある。

この法典は粘土板に楔形《くさびがた》文字で記されている。現在見つかっているのは一部だが、正義を行うことが王の責務であることが明記されている。

その後もシュメール人による法典がつくられ、それらの集大成が「ハムラビ法典」となった。

ちなみにハムラビ法典の有名な「目には目を」という復讐とは異なり、ウル・ナンム法典は罪に対しては罰金を課すことが記されている。

［世界最古の株券］
東インド諸国との貿易に出資した17世紀の株券

♔オランダ　オランダ東インド会社が発行した株券

現存する世界最古の株券は、1606年にオランダ東インド会社（123ページ上）が発行したものである。

東インド諸国との貿易事業に出資する内容で、投資家はオランダ東インド会社の利益に対して、配当金を受け取れることが記されている。

投資家は株券をアムステルダム証券取引所（71ページ下）で売買することが可能で、そのシステムは現代の株式市場に似ている。

この株券はゴーダチーズで有名な都市、ゴーダで発見された。投資家、投資額、日付が記載されているが、その投資家の職業や生涯は不明である。

オランダ東インド会社の設立時は（1602年）、約1100人の投資家が出資していた。投資家は裕福な市民、商人、貴族、職人などさまざまだった。

現在、株券はウエストフリース博物館（ホールン）に展示されている。

豆知識　ウエストフリース博物館は司馬遼太郎も1989年に訪れている。その様子は『街道をゆく　オランダ紀行』（朝日文庫）で読むことができる。

世界一の鏡の間を持つ宮殿は？

答　ヴェルサイユ宮殿（フランス）

世界最古の
プラネタリウムは？

答　エイセ・エイシンガ・プラネタリウム（オランダ）

［世界一の鏡の間がある宮殿］

当時の高級品である鏡を357枚も使った宮殿

⚜フランス　ヴェルサイユ宮殿

1643年にわずか5歳で即位したルイ14世は、幼少期にフロンドの乱（1648〜1653年、王政に反対する貴族の反乱）を経験。その影響で、王権をさらに強化し、王室をパリから離れたところに移すことを決めたといわれている。

パリから約20キロ離れた場所にあるルイ13世の狩猟用別荘を、最先端の技術やぜいたく品を用いてルイ14世が改築し、完成したのがヴェルサイユ宮殿である。

1670年頃以降も増改築がくり返され、ルイ15世、ルイ16世へと引き継がれ、フランス革命（1789年）を経て現在は、フランス歴史博物館として一般に公開されている。

なかでも多くの観光客が驚嘆するのは、鏡を使用した回廊として世界一の規模をほこる「鏡の間」。当時の高級品であった鏡を357枚も使い、シャンデリアや30の天井画も訪れる人々を圧倒する。

サンゴバンの鏡を使用

鏡の間にはサンゴバンの鏡が使われた。ルーヴル美術館のピラミッドにもサンゴバンのガラスが使われている

サンゴバンは1665年に、ルイ14世の宰相であるコルベールにより、王立ガラス工場として設立された。サンゴバンは現在も世界最大級のガラスメーカーのひとつ

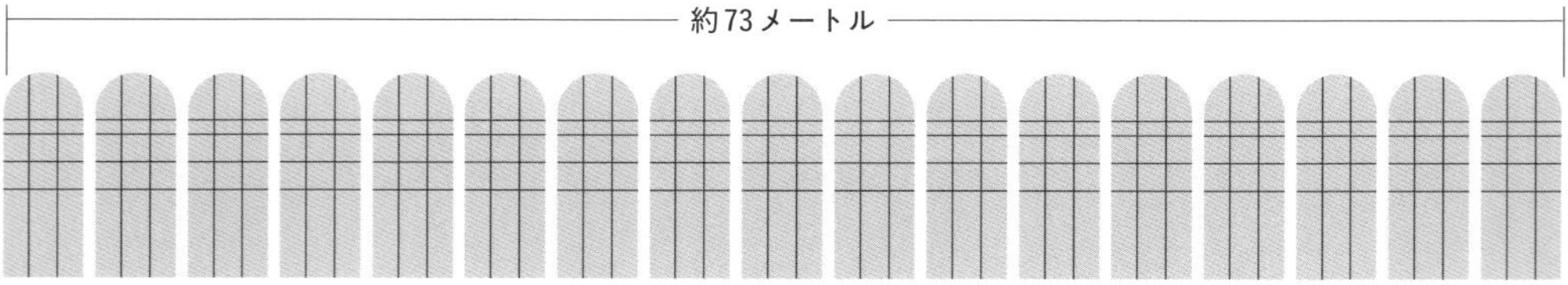

回廊の全長は73メートル。21枚の鏡が使われたアーケードが17並んでいる

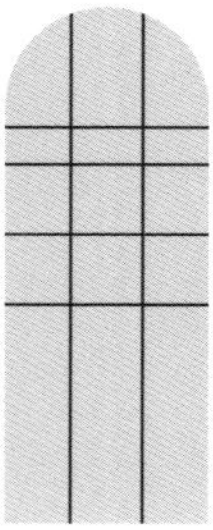

特別な日には2万本ものキャンドルが飾られ、鏡の間は「光の回廊」となった。用いられたのは1643年創業の世界最古のワックスメーカー「シールトゥルドン」のキャンドルである

豆知識　ロンドン万国博覧会の会場となったクリスタル・パレス、自由の女神（ニューヨーク）の眼窓、エッフェル塔のガラス張りの床、電通本社ビル（東新橋）にもサンゴバンのガラスが使われている。

〔世界最古のプラネタリウム〕

商人かつ天文学者の私製プラネタリウム

⚜オランダ　エイセ・エイシンガ・プラネタリウム

現存する世界最古のプラネタリウムは、オランダ・フリースラント州にある「エイセ・エイシンガ・プラネタリウム」である。

１７８１年にこのプラネタリウムをつくったのは、羊毛製造業を営む裕福な商人で、市井の天文学者だったエイセ・エイシンガである。

彼は１７４４年に生まれ、子供の頃から父の羊毛製造工場で働きながら、好奇心にまかせ、ユークリッドの数学書や天文学について学んでいた。

１７７４年、エルコ・アルタという説教師が「地球が軌道を外れ、太陽に焼きつくされる」という予言を唱え、人々をパニックに陥れた。

天文学上、そのようなことは起こりえないことを人々に伝えるため、エイシンガは自宅のリビングルームの天井に、太陽系の６つの惑星の軌道を正確に再現する機械じかけのプラネタリウムを設置した。

アイデアから完成まで7年

エイシンガが人々に太陽系の正確な知識を伝えるためにプラネタリウムをつくるアイデアを思いついてから、実際に模型を完成させるまでにかかった時間は7年とのこと。世界最古のプラネタリウムは現在も機能している

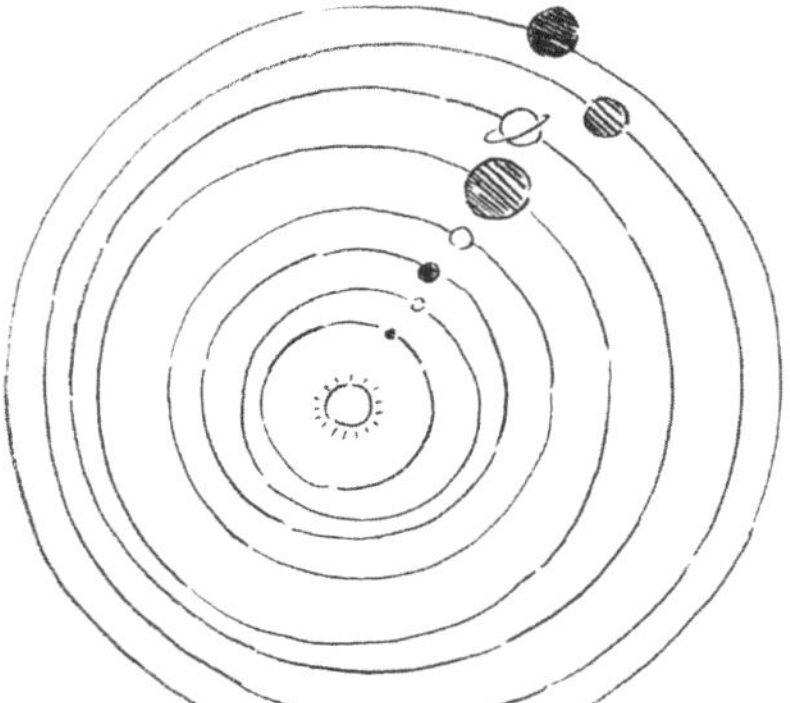

エイシンガの時代は、太陽系の惑星は地球・水星・金星・火星・木星・土星の6つしか知られていなかった。1781年に天王星が、1846年に海王星が発見される

コラム

エイシンガの肖像画

エイシンガの肖像画（ウィレム・バルテル・ファン・デル・コーイ作）がオランダ・フリースラント州フラネケルの市庁舎に飾られている。

豆知識　インドのシーシュ・マハルは「鏡の宮殿」と呼ばれ、数千の鏡タイルが壁や天井に埋め込まれている。ムガル帝国5代皇帝シャー＝ジャハーンによって17世紀に建てられた。

世界で唯一のデ・ステイル建築は？

答　シュレーダー邸（オランダ）

世界一大きい天文用のデジタルカメラは？

答　ヴェラ・C・ルービン天文台のLSSTカメラ（チリ）

世界最大の種子貯蔵庫は？

答　スヴァルバル世界種子貯蔵庫（ノルウェー）

世界最大の大乗仏教寺院は？

答　ボロブドゥール寺院（インドネシア）

［世界で唯一のデ・ステイル建築］

母と3人の子のための家 シュレーダー邸

オランダ　シュレーダー邸

弁護士の夫を亡くしたばかりのシュラーダー夫人とその3人の子供のために、ヘリット・リートフェルトが1924年に設計した住宅がシュレーダー邸。

リートフェルトは「デ・ステイル」という芸術運動に参加し、彼が手がけた家具も家も、オランダの抽象画家モンドリアンの影響を大きく受けている。

白・黒・グレーの無彩色と赤・青・黄の三原色、コンクリートとガラスの使い方に特徴がある。2階は仕切り板を移動させることで、広いワンルームにしたり3つの個室に区切ったりできる。その空間構成は現在でも画期的だ。9メートル×7メートルの小さな立方体のような家は、モダニズム建築の象徴となった。現在は美術館として公開されている。

リートフェルトは、ミッフィーの生みの親である、同じユトレヒト出身のディック・ブルーナにも尊敬され影響を与えた。

［世界最大の天文用デジタルカメラ］

32億画素のLSSTカメラ

チリ　ヴェラ・ルービン天文台

2024年、カリフォルニア州SLAC国立加速器《かそくき》研究所は世界最大のデジタルカメラの完成を発表した。Legacy Survey of Space and Time（LSST）カメラは、15マイル離れたゴルフボールをはっきりと撮影できるほど強力な3200メガピクセルの画素数を実現。

このカメラは2025年から運用されるヴェラ・C・ルービン天文台（チリ）の望遠鏡に設置され、ダークエネルギーから小惑星まであらゆる宇宙の新発見に活用される。

大きさは小型車とほぼ同じで、重さは約3000キログラム。レンズの直径は1・5メートルを超える。天文用に作られたレンズとしては史上最大だ。

ひとつの画像をフルサイズで表示するだけでも、何百台もの超高解像度テレビが必要になる。天文学に進歩と革命をもたらすことが期待されている。

豆知識　ヴェラ・C・ルービン天文台は、世界で初めて銀河の質量の約90%が目に見えないダークマターで構成されていることを証明した女性天文学者ヴェラ・C・ルービンから名づけられた。

［世界一大きい種子貯蔵庫］

100万種以上！世界各地の種子を保管

ノルウェー　スヴァルバル世界種子貯蔵庫

ノルウェーのスピッツベルゲン島にあるスヴァルバル世界種子貯蔵庫は、２０２４年現在、世界一多い１００万種以上の固有作物品種を保管。固い地盤の永久《えいきゅう》凍土《とうど》につくられ、マイナス約18～20℃に保たれた地下施設には、戦争や気候変動、災害に備えて、世界各地から多様な植物の種子が続々と集められている。

　世界の食の安全保障に大きくかかわる作物の多様性と遺伝資源の保全に貢献するこの貯蔵庫は「現代版ノアの方舟」とも称されている。

　はじまりはデンマークの植物学者ベント・スコウマンが提唱し、ビル・ゲイツが主導して１００国以上が支援する国際的な施設として操業を開始。その設立に尽力したキャリー・ファウラー博士とジェフリー・ホーティン博士は「誰もが考えたことのない最もクレイジーなアイデア」が評価され、２０２４年世界食糧賞を受賞した。

［世界最大の大乗仏教寺院］

約4000枚のレリーフ、約600体の仏像で飾る

インドネシア　ボロブドゥール寺院

ボロブドゥール寺院は、８～９世紀頃、シャイレーンドラ朝時代に建てられた世界最大の大乗仏教遺跡である。現在、破損が進みつつも全体の高さは33・5メートル。

　内部の空間はなく、ひとつの仏塔としてつくられ、外側が約４０００枚のレリーフと約６００体の仏像で飾られている。

　レリーフや仏像、階段の数には規則性があり、幅と高さも４：６：９の比率でつくられている。

　また、優れた排水システムが装備されているのも大きな特徴で、彫刻が施された１００個の排水口が設置されている。

幅も高さも4:6:9の比率でつくられている

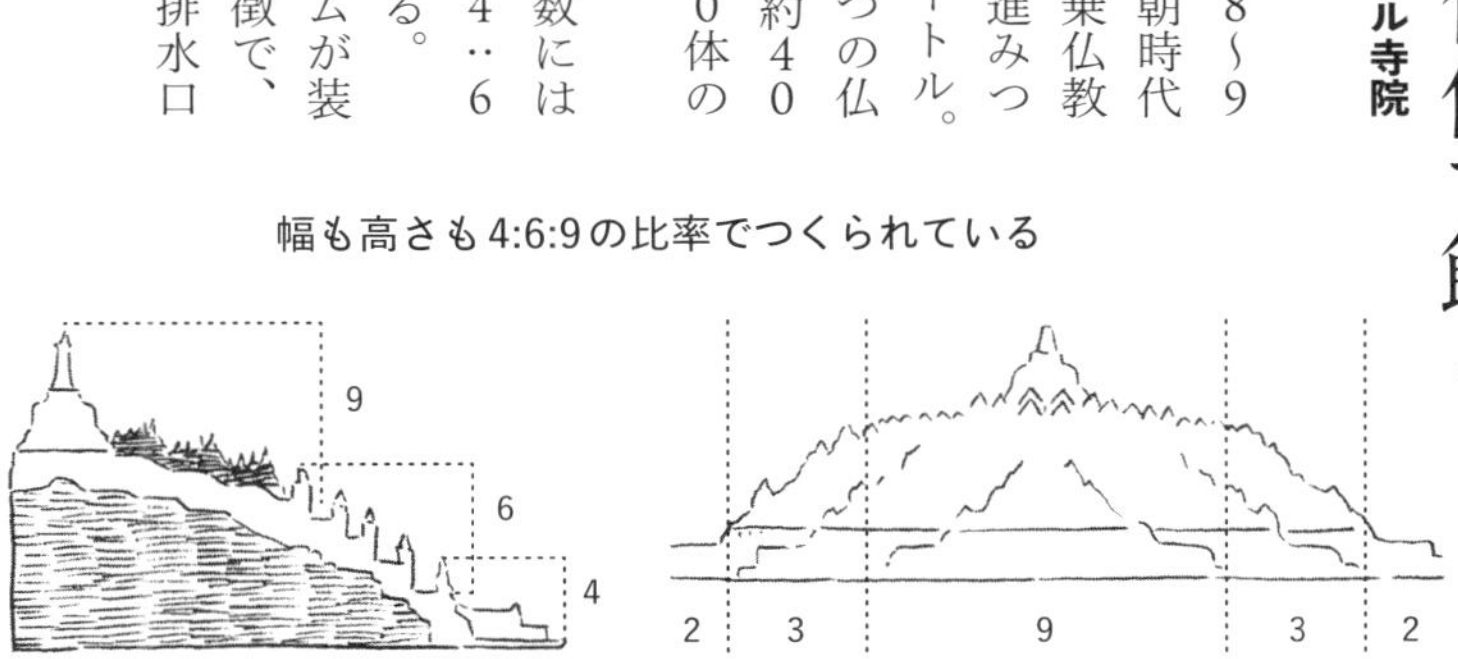

豆知識　ノルウェーではすべての公共施設の建築予算の3%をアートに使用することを義務づけられている。スヴァルバル世界種子貯蔵庫にもDyveke Sanne氏のアートが使用されている。

世界最古の隕石コレクションは?

答　ウィーン自然史博物館（オーストリア）

世界最古のデパートは?

答　ボン・マルシェ（フランス）

世界唯一の速度無制限道路は？

答　アウトバーン（ドイツ）

世界初の国際運河は？

答　スエズ運河（エジプト）

［世界最古の隕石コレクション］

250年分のコレクション世界最古の隕石を展示

⚜オーストリア　ウィーン自然史博物館

1748年、マリア・テレジアの夫であるフランツ1世が、当時世界最大で最も有名な自然史コレクションをフィレンツェの学者バイユウから購入。希少な化石、鉱物、貝殻など約3万点がそのコレクションの中心だったといわれている。

フランツ1世が56歳で亡くなったあと、息子ヨーゼフ2世は啓蒙主義的な政策としてコレクションを一般に公開。1889年にフランツ・ヨーゼフ1世が開館した帝国自然史博物館が現在の博物館の前身になった。隕石はまだ宇宙から来たものであると思われていなかった時代からウィーンで収集されていた。1756年にザグレブに落ちた隕石をフランツ1世はコレクションに加えている。

ウィーン自然史博物館

［世界最古のデパート］

バーゲンセールや返品可サービスも世界初

⚜フランス・パリ　ボン・マルシェ

ブシコー夫妻がボン・マルシェを創業したのは、ナポレオン3世が即位した1852年。高度成長を目指す政策の波に乗り、品質の良いものを安く売るブシコーの店は大成功する。バーゲンセールや白物セール（白い生活用品、シーツ、下着、カーテンなどの安売り）、目玉商品、返品可などを発明し急成長したボン・マルシェは、1872年に鉄とガラスを使った「デパート」を建設する。

設計は建築家のボワロー、工事は技師エッフェル（エッフェル塔の建設者）が担当。ガラスの天井から陽光がふり注ぐ、開放感のある空間に多くの客が集まった。現在の建物は1923年に建てられたものである。

ボン・マルシェが発行した手帳に描かれた店内

豆知識　ウィーン自然史博物館のもとになった皇帝の隕石コレクションは、「幸運を招くもの」「不運を招くもの」に分けられていたという。

[世界唯一の速度無制限道路]

総距離1万3000キロ速度無制限の高速道路

⚜ドイツ　アウトバーン

ドイツの全16州を結び、総距離数1万3000キロメートル以上の「アウトバーン」は現在、速度無制限の世界唯一の高速道路（一部、速度制限が設けられている）。1933年にナチ政権が雇用創出事業として起工したことで有名だが、もとは1920年代に民間の協会が起案していた。資金難で中断していた計画をナチスが引き継いだだけだったことは、現在では知られている。

1972年の石油危機の際などガソリン使用を抑えるため全面的な速度制限が導入されたが、数ヶ月で元に戻った。

網目のようなアウトバーンの路線図

[世界初の国際運河]

年間2万隻が行き来するコンテナ輸送の要衝

⚜エジプト　スエズ運河

フランスとエジプトが出資し、スエズ運河は1869年に開通した。1875年には、エジプトが売却した株を購入したイギリスが筆頭株主になる。1882年、エジプトのワラービー運動の鎮圧を契機にイギリスがスエズ運河の軍事占拠を開始。各国の反発を受け、1888年に「スエズ運河の自由航行に関する条約」をイギリス・ドイツ・オーストリア＝ハンガリー帝国・スペイン・フランス・イタリア・オランダ・ロシア・オスマン帝国で締結した。そのときスエズ運河は世界初の国際運河となった。現在も年間2万隻《せき》の船が行き来する。

コンテナ輸送の要衝・スエズ運河

豆知識　現在もスエズ運河は中東、アジア、ヨーロッパをつなぐ主要航路。日量880万バレルの石油が流通する（出典：EIA）。

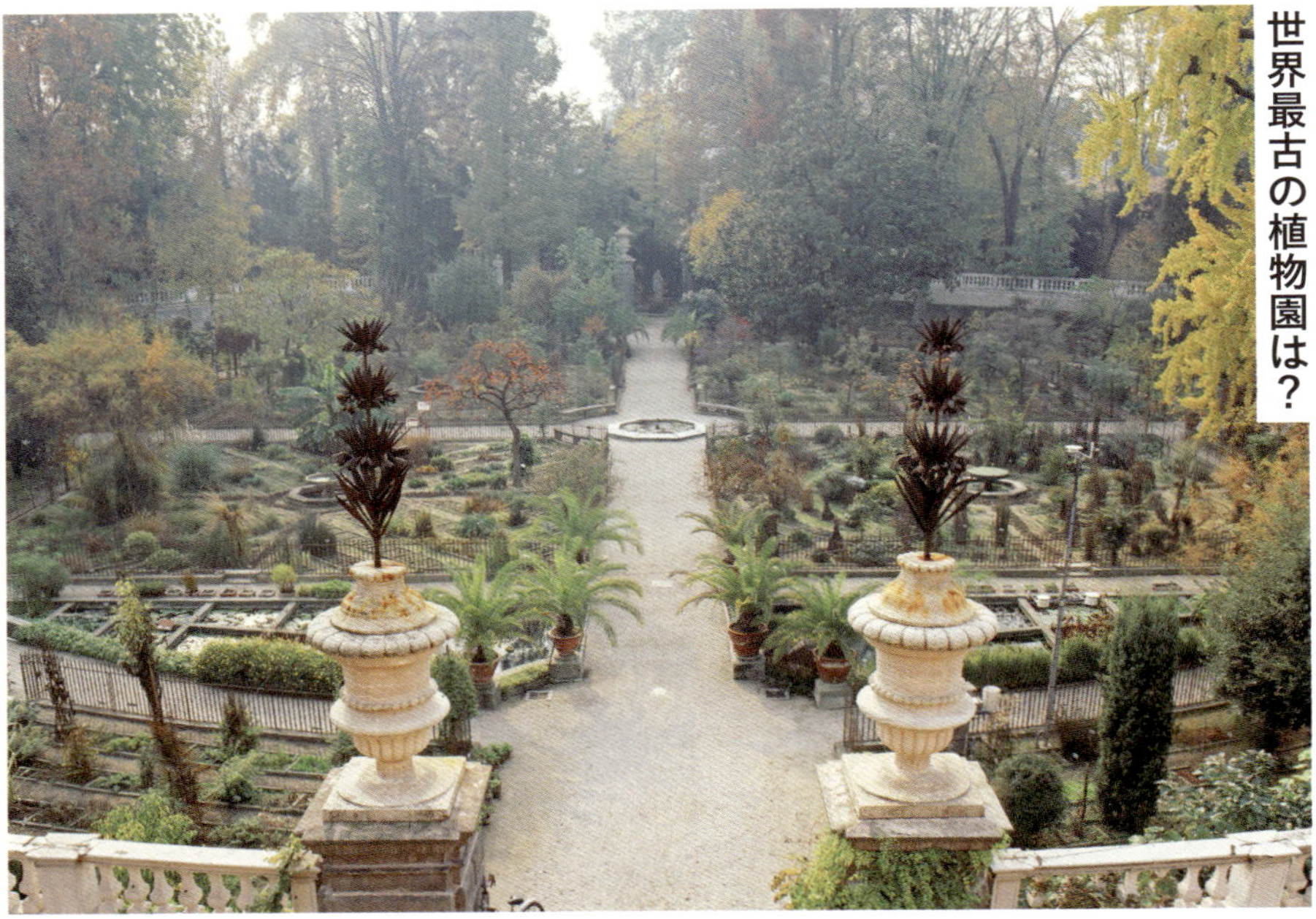
世界最古の植物園は?

答　パドヴァ大学の植物園（イタリア）

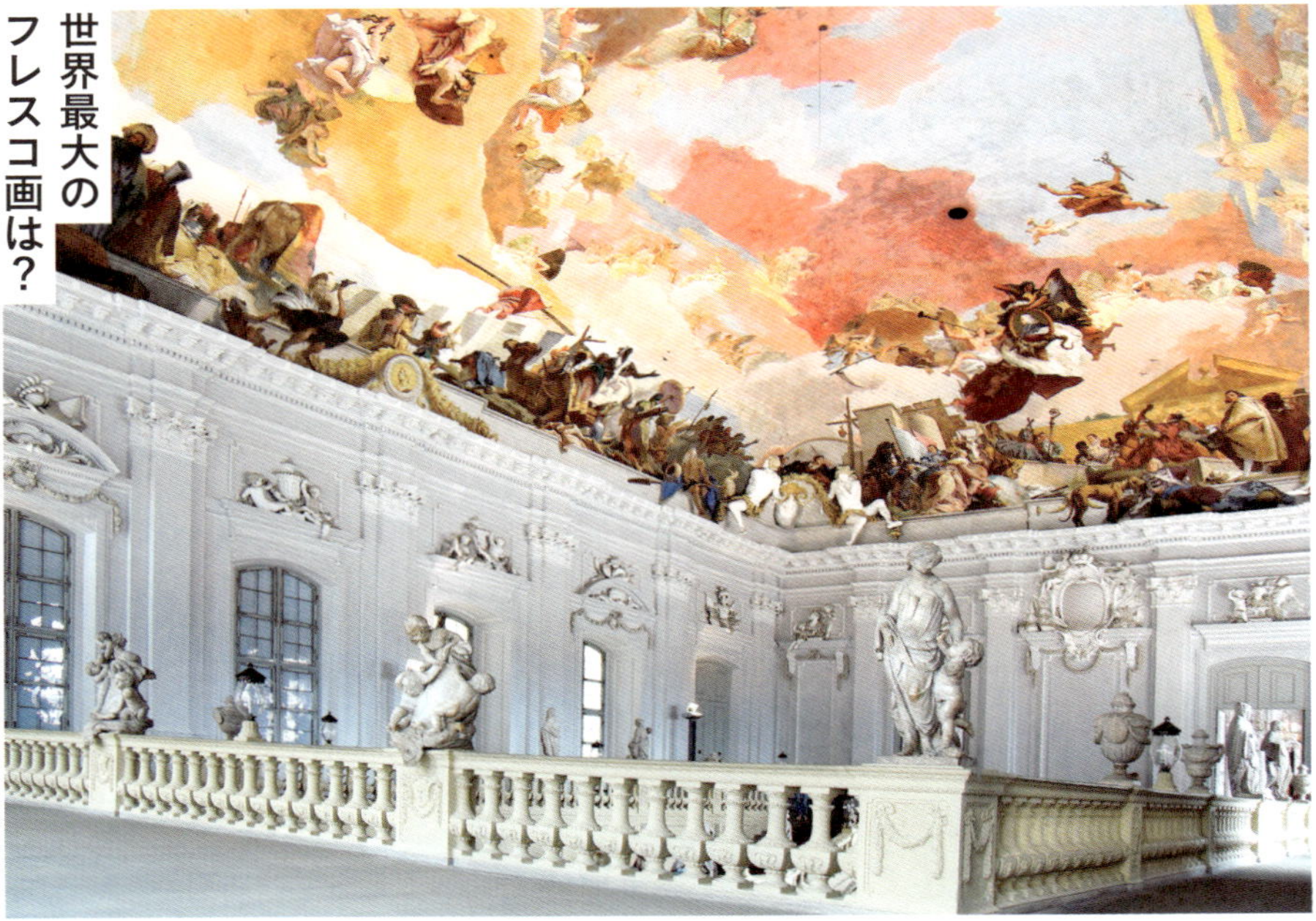
世界最大の
フレスコ画は?

答　ヴュルツブルク司教館（ドイツ）

世界最古の印刷機は？

答　プランタン＝モレトゥス博物館の印刷機（ベルギー）

世界最大の石造ドームは？

答　サンタ・マリア・デル・フィオーレ大聖堂（イタリア）

［世界最古の植物園］

伝説の錬金術師も学んだ歴史ある大学の植物園

⚜イタリア　パドヴァ大学の植物園

パドヴァ大学は1222年に創立。伝説の錬金術師アルベルトゥス・マグヌスや、アラビア医学とギリシア医学の調和を試みたピエトロ・ダバノもここで学んだ。

植物園は薬用植物の栽培を目的に1545年に建設され、同じ場所に現存する植物園では世界最古である。

当時、古代の植物学者や医師が治療に用いた植物が特定されておらず、間違いや詐欺が横行していた。植物園を設立することで、学生たちは本当に薬効のある植物を学ぶことができたという。

現在も残る丸い囲いは貴重な植物の盗難を防ぐためにつくられた。

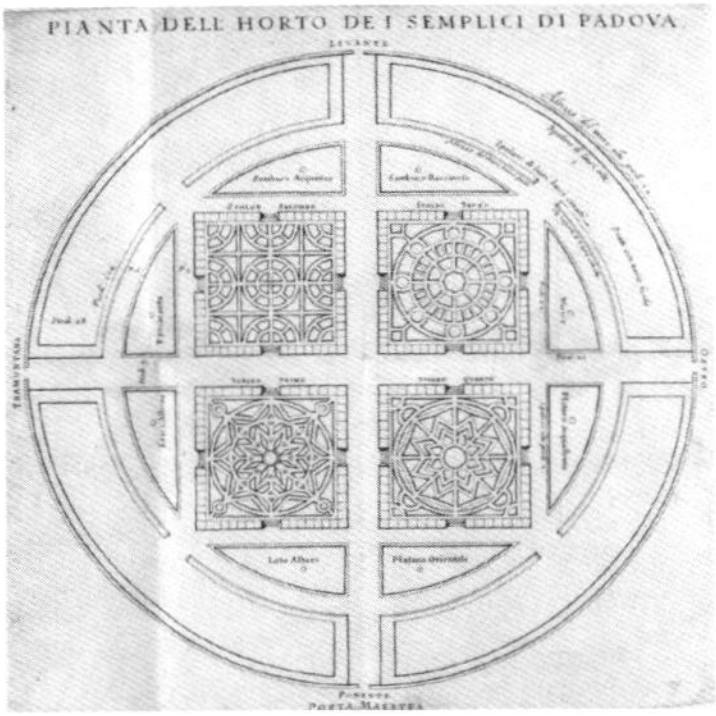

パドヴァ植物園の俯瞰図

［世界最大のフレスコ画］

四大陸が描かれた677平方メートルの絵

⚜ドイツ　ヴュルツブルク司教館

ジョヴァンニ・バッティスタ・ティエポロによって描かれた、ヴュルツブルク司教館の天井画は世界最大のフレスコ画として有名。

大階段をおおう天井に描かれ、その面積は約677平方メートルにおよぶ。1752年から1753年にかけて制作されたと伝えられる。

この絵は「四大陸の寓意」と呼ばれ、ヨーロッパ、アジア、アフリカ、アメリカが象徴的に描かれている。大きく美しいだけでなく、ヨーロッパが世界の中心として、植民地の拡大を進めた帝国主義の時代背景も、その絵は反映している。

ティエポロはヴェネツィア出身の画家で、スペイン王カルロス3世から依頼され、マドリードの宮廷の天井画なども描いている。

豆知識　アルベルトゥス・マグヌスはヒ素を発見したといわれている。ピエトロ・ダヴァノは異端審問裁判にかけられ結審前に獄中で亡くなった。

［世界最古の印刷機］

最古の印刷機の持ち主は近世の最大手出版社

⚜ベルギー　プランタン＝モレトゥス博物館

ベルギー・アントウェルペンのプランタン＝モレトゥス家は、16世紀に印刷所を開業した。400年経ったいまも彼らの家と工房が現存し、博物館として公開されている。

展示されている世界最古の印刷機は1600年頃に製造されたもの。17〜18世紀に製造された印刷機は現在も使われている。

1555年、プランタンが最初に印刷・出版したのは貴族に生まれた子女向けの指南書だった。彼が生前に刊行した出版物は2千点以上にのぼるという。当時の出版社として最大の規模といえる。

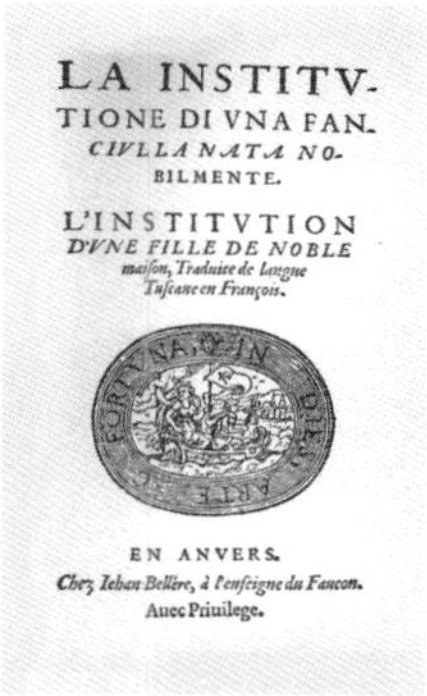
LA INSTITVTIONE DI VNA FANCIVLLA NATA NOBILMENTE.
L'INSTITVTION D'VNE FILLE DE NOBLE maison, Traduite de langue Tuscane en François.
EN ANVERS.
Chez Iehan Bellère, à l'enseigne du Faucon.
Auec Priuilege.

プランタンが1555年に印刷した指南書

［世界最大の石造ドーム］

ルネサンス建築の超革新 直径42・5メートルの円蓋

⚜イタリア　サンタ・マリア・デル・フィオーレ大聖堂

フィレンツェにあるカトリック教会、サンタ・マリア・デル・フィオーレ大聖堂の建設がはじまったのは13世紀。長らく中断していたが、建築家のブルネレスキが革新的な技術を用いた案でコンペに当選し、1420年に建築を再開、1436年頃に完成した。

ドームは薄い外郭と厚い内郭の二重構造で、間に通路を設けて空きスペースをつくり重さを軽減。4万トンのレンガをジグザグ状に積む工法を用い、荷重を分散して安定性・耐久性を高めた。

当時も現在も石造建築のドームとして世界最大をほこっている。

外郭には約3万枚の赤い粘土タイルが固定されている

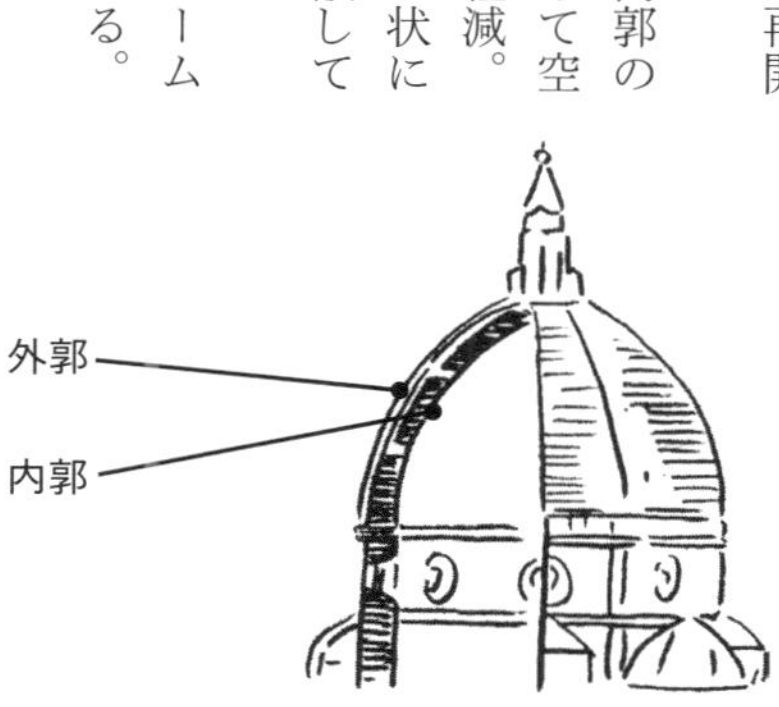

ドーム（クーポラ）の断面

豆知識　16世紀後半のアントウェルペンは国際商業都市として栄え、絵画や文学の名作も誕生した。印刷所・出版社を営んでいたプランタンは画家のブリューゲルとも親しかった。

世界最古の銀行は？

答　アムステルダム銀行（オランダ）

世界で初めてミナレットを6本建てたモスクは？

答　スルタン・アフメト・モスク（トルコ）

世界初の幼児学校がつくられた場所は？

答　ニュー・ラナーク（スコットランド）

世界最古のカジノは？

答　カジノ・ディ・ヴェネツィア（イタリア）

［世界最古の銀行］

17世紀、経済の中心地に設立された銀行

⚜オランダ　アムステルダム銀行

1609年にアムステルダム市によって設立されたアムステルダム銀行は、イングランド銀行のように手《て》形《がた》割引や紙幣を発行していなかったので、近代的な銀行とは区別する考え方もあるが、世界最古の銀行とされる。

17世紀の貿易や経済の中心地だったアムステルダムにおいて、多種多様な通貨が取引されるなか、預金者に安定した通貨を供給したのがアムステルダム銀行だった。イギリスをはじめとするさまざまな国の商人たちの為替《かわせ》手形を安全に効率よく決済する機能を持ったことで、中東や東洋との貿易や貨幣流通にスピードももたらした。さらにアムステルダム銀行が保証する信用によって、商人たちはより幅広く取引を行うこともできたという。かつてダム広場にあったアムステルダム銀行は現存しない。近年、それが果たした役割の大きさが見直されている。

［世界初、ミナレットを6本建てたモスク］

「ブルーモスク」として有名な優美な建築物

⚜トルコ　スルタン・アフメト・モスク

モスクに付随するミナレット（塔）は礼拝を呼びかけるために用いられ、ひとつのモスクにつき1塔、もしくは対になった2塔が建設されること多かった。1453年に教会からモスクに改修されたハギア＝ソフィア聖堂には4本のミナレットが設けられたが、これはオスマン帝国のスルタン、メフメト2世の権威を示すためとされている。

17世紀、アフメト1世はハギア＝ソフィア聖堂に対抗するため、6本のミナレットを持つスルタン・アフメト・モスクの建築を計画。しかし当時唯一、ミナレットを6本持っていたメッカのカーバ聖殿（サウジアラビア）を超えてしまうため周囲に止められる。最終的にメッカに7本目のミナレットを贈ることで、1616年に予定通り6本のミナレットを完成させたと伝えられる。現在、カーバ聖殿の周囲には13本のミナレットが建っている。

豆知識　スルタン・アフメト・モスクに訪れると現地のガイドが、「金」と「6」のトルコ語が似ているので、「黄金で建てろ」という命令を「6本建てろ」と聞き間違えたと説明してくれる。

［世界初の幼児学校］

世界遺産に認定された幼児のための学校

⚜スコットランド　ニュー・ラナーク

グラスゴーの南東にあるニュー・ラナークの紡績工場主となったロバート・オーエンは、1816年に工場の共同施設を整え、世界初の幼児学校を設立。1～6歳を対象とし、屋外で体操をしたり自然と触れ合ったりする授業内容も画期的だったという。オーエンは1000人の労働者に土地も与え、共同調理所や子供用の宿泊所も建設した。

オーエンの施設で教育を担当したジェームズ・ブキャナンが招かれて1818年に設立されたロンドンの学校が、イギリス初の幼児学校とされている。

ニュー・ラナークでのダンス教育の様子（1825年）

［世界最古のカジノ］

ワーグナーが亡くなった部屋が残されている

⚜イタリア　カジノ・ディ・ヴェネツィア

ヴェネツィアは、14～17世紀にかけて地中海貿易の中心地として栄えたため、違法の私営ギャンブル場が繁盛していた。それらを禁止するために、ヴェネツィア市がヴェンドラミン・カレルジ宮にカジノ・ディ・ヴェネツィアを1638年に設立。現在も営業する世界最古のカジノとなった。設立当初は貴族や裕福な商人の社交場だったという。

中2階の部屋で晩年のワーグナーは数ヶ月暮らし、1883年に亡くなった。

18世紀に描かれたヴェネツィアのカジノ

豆知識　2019年、トルコのエルドアン大統領の強い支援のもと、トルコ最大のモスクとなる、6本のミナレットを持つチャムルジャ・モスクが完成した。

世界最古のオペラハウスは？

答　サン・カルロ劇場（イタリア）

世界最大の地下都市は？

答　マティアテ（トルコ）

世界最古のテニスコートは？

答　フォークランド宮殿（スコットランド）

世界最古の書店は？

答　ベルトラン書店（ポルトガル）

［世界最古のオペラハウス］

ナポリを音楽の都にした王立のオペラハウス

⚜イタリア　サン・カルロ劇場

イタリアのナポリにあるサン・カルロ劇場は、スペイン・ブルボン王朝のナポリ・シチリア王であるカルロス3世の依頼で1737年に建てられた。ドメニコ・サッロのオペラ「スキュロス島のアキレス」で開場した世界最古のオペラハウスは、現在も運営されている。

ジュネーヴで生まれフランスで活躍した哲学者のジャン＝ジャック・ルソーは、著書『音楽辞典』（1767年）のなかで左記のように書いており、当時の音楽の都がナポリだったことがよくわかる。

「あなたの中に火花が燃えているかどうか知りたいですか？　走って、ナポリに飛んで、レオ、ドゥランテ、ジョメッリ、ペルゴレージの名曲を聴きましょう」

現在のオペラのスタイルは18世紀のナポリで誕生したといわれている。イタリア・オペラは世界中で人気を博すことになった。

［世界最大の地下都市］

約90万平方メートル！7万人が住める地下空間

⚜トルコ　マティアテ遺跡

トルコでは40以上の古代地下都市が発見されている。デリンクユが世界最大の地下都市として有名だったが、マルディン県ミドヤト地区で新たな地下都市が発見されている。

地下都市「マティアテ」は2～3世紀頃につくられ、約7万人を収容できる世界最大の地下都市といわれている。敷地面積は約90万平方メートルと推測されているが、2024年現在、確認できているのは一部で、いまも発掘作業が続けられているという。

2世紀頃、キリスト教はまだローマ帝国の国教ではなく、教徒たちは迫害から逃れるために地下都市に避難していた。ミドヤトの地下都市も潜伏のために建設されたと考えられている。

カッパドキアにあるほかの地下都市では部屋が垂直に積み重なっているのに対し、マティアテは水平に空間が広がっているのが特徴的とされている。

豆知識　地中海にあるキプロスは、南部はEU加盟国の「キプロス共和国」、北部はトルコだけが承認する国「北キプロス＝トルコ共和国」で、ニコシアは世界で唯一、2国の首都となっている。

［世界最古のテニスコート］

約100年前に王がつくったテニスコート

⚜スコットランド　フォークランド宮殿

スコットランドにあるフォークランド・パレス・ロイヤル・テニス・クラブは約30人のメンバーが所属し、定期的に活動している。

メンバーがプレーするのは、スコットランド王ジェームス5世が1539年に建設を依頼した世界最古のテニスコートである。ジェームス5世は1541年の完成から亡くなる1542年まで、このコートでテニスをプレーしたと伝えられている。

当時のスコットランドでは、テニスは「caich」（スコットランド語）として知られ、ルールも現在とは異なっていた。

4つの壁に囲まれた由緒あるハードコートは建設されたものの、長い間あまり使われなかった。しかし1958年にはエリザベス2世が、現役の君主として350年ぶりにここでテニスの試合を観戦した。

［世界最古の書店］

文豪たちも訪れた創業700年の書店

⚜ポルトガル　ベルトラン書店

ポルトガル、リスボンのバイロ・アルト地区にあるベルトラン書店は、世界最古の書店としてギネスブックにも登録されている。1732年に創業したこの書店は、文化人や知識人の交流の場でもあった。

ポルトガル初のノーベル賞作家であるジョゼ・サラマーゴ、詩人で作家のフェルナンド・ペソア、エッサ・デ・ケイロースなどの文豪が、出会いと自由な創造を求めてベルトラン書店に通っていたという。

店内には縁のある作家たちのコーナーがつくられ、その生涯や作品を知ることができる。

カフェもオープンし交流の場になっている

豆知識　アルジェリアは世界一のソラマメ生産国（2022年　出典：FAO）。古代エジプトやギリシアなどで約4000年前から栽培されたと推測されるソラマメは、世界最古の農産物といわれている。

世界最大のトンボは？

答　テイオウムカシヤンマ（オーストラリア）

世界最大のトンボは？

答　ハビロイトトンボ（パナマ）

［世界最大のトンボ］

テイオウムカシヤンマとハビロイトトンボの実寸大

⚜オーストラリア／パナマ

テイオウムカシヤンマの翼開長は約16センチ、腹部の長さが約12センチで世界最大とされている。オーストラリア・クィーンズランド州で生息。恐竜の時代であるジュラ紀の化石が見つかっていることから「生きた化石」といわれている。

ハビロイトトンボはパナマ、コスタリカなど中南米の湿潤な森林に生息する。腹部は長さ10センチ、翼開長が19センチに達し、こちらも世界最大のトンボとされている。

テイオウムカシヤンマは「巨大な花びらの尾」を持つ

尾の先端が花びらのようになっていることが学名（Petalura ingentissima）の由来

ハビロイトトンボは
赤トンボの約4倍の大きさ

日本で見かける赤とんぼの約4倍の大きさ。
片手からははみ出す大きさのトンボである。
あまり長距離を飛ぶことはできない

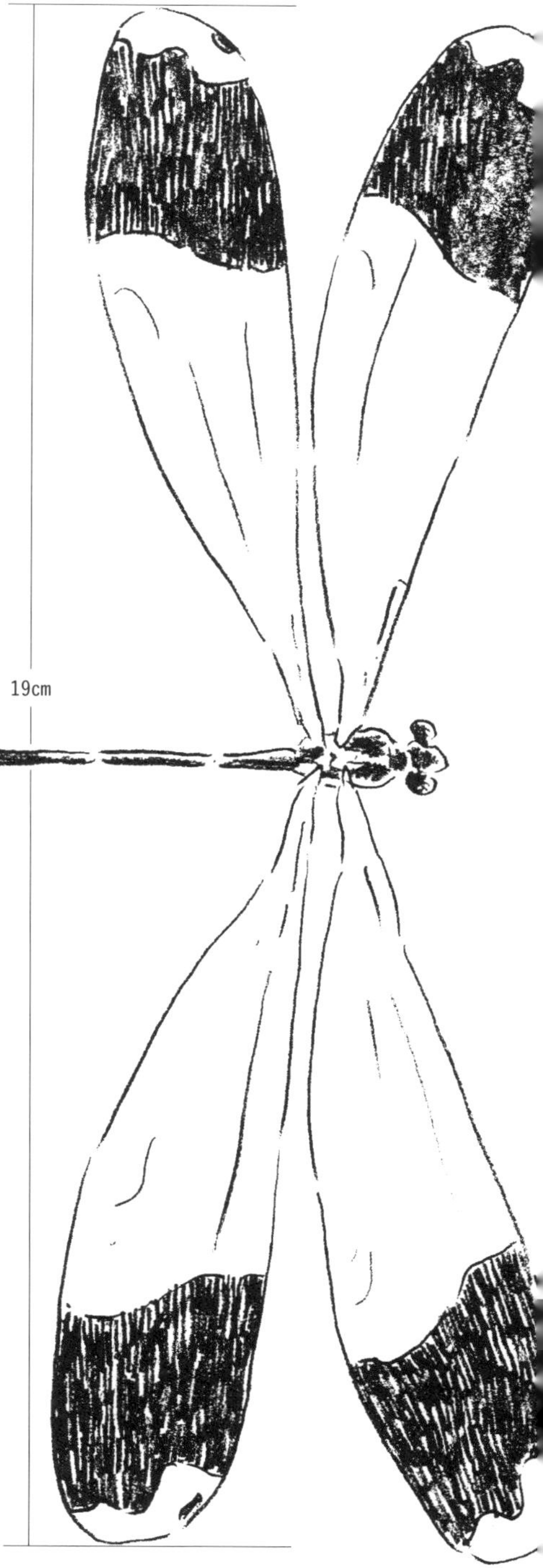

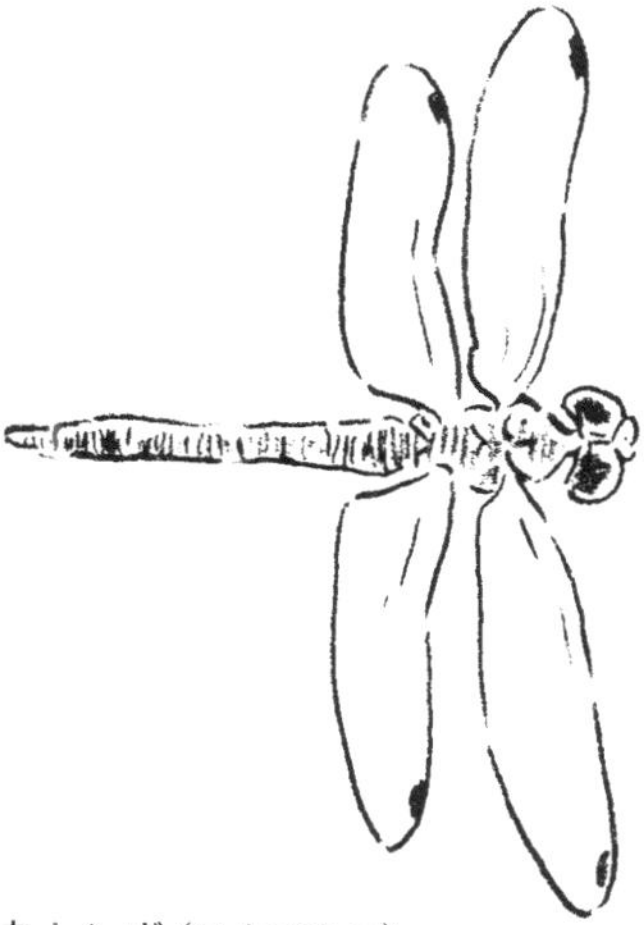

赤トンボ（アキアカネ）
は約35〜45ミリ

豆知識 石炭紀末期（約3億年前）のトンボ型昆虫メガネウラの化石は翼開長が最大で約70センチもあり、史上最大の昆虫とされている。

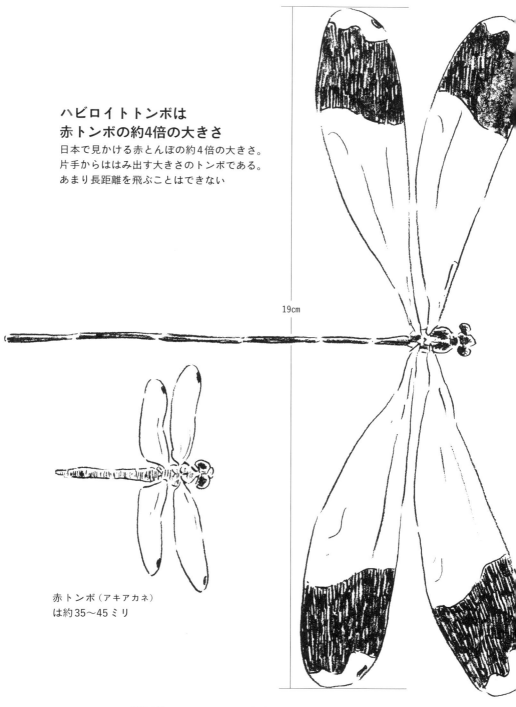

世界一のサクランボ生産国は?

答　トルコ

世界最古のオリンピックスタジアムは?

答　オリンピア(ギリシア)

世界最古の軍道は？

答　アッピア街道（イタリア）

世界で唯一の乗馬学校がある宮殿は？

答　ホーフブルク宮殿（オーストリア）

［世界一のサクランボ生産国］

「チェリー」の由来はトルコの都市名だった

⚜トルコ

サクランボの生産量は長年、トルコが1位を守っている。2022年も年間約66万トン（出典：FAO）を生産した。

サクランボの原産地であるトルコの都市ギスレンは、古代ギリシア人に「Cerasus」と呼ばれていた。その名前がサクランボ「Cherry」の由来と考えられている。ギスレンはペルシア人とギリシア人の血を引く王によってつくられた。

古代ローマの博物学者プリニウス『植物誌』によると、サクランボはルキウス将軍によって、初めてギスレンからヨーロッパに輸入されたという。

現在のトルコのサクランボは安定した輸出需要がある。2023年、トルコ政府は果樹園を設置するために村へ戻る農民に対して、補助金を出すプログラムを発表した。

［世界最古のオリンピックスタジアム］

短距離走を土手に座って観戦

⚜ギリシア　オリンピア

紀元前4世紀につくられた世界最古のオリンピックスタジアムが、ペロポネソス半島のオリンピアに残されている。

長さ約192・3メートル×幅28・5メートルの広さで、大理石でつくられた当時のスタートラインやゴールラインを現在も見ることができる。

土手には観客席が設けられ、約2万人を収容できたと伝えられる。

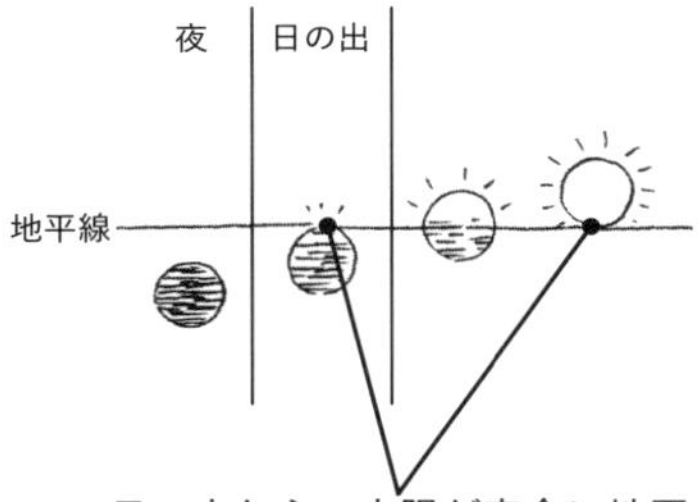

日の出から、太陽が完全に地平線の上に現れるまでは約2分

約192メートル＝1スタディオン

日の出から、地平線の上に太陽が完全に現れる間に人が歩ける距離と定義された単位がスタディオン。古代陸上競技の基本単位になり、「スタジアム」の語源になった

豆知識　1スタディオンという単位と太陽の動きから、ヘレニズム時代の学者エラトステネスが紀元前240年頃に、地球の全周を計算したことが伝えられている。

［世界最古の軍道］

「街道の女王」は戦車のために舗装された軍道

⚜イタリア　アッピア街道

古代ローマ時代の紀元前312年に建設がはじまったアッピア街道は、ローマと南イタリアのカプアを結んだ道路。最終的にはアドリア海に面した港湾都市ブリンディジまで延長された。

アッピア街道を計画したのはローマの執政官アッピウス・クラウディウス・カエクスで、半島南部のギリシア人植民地を制圧するため、軍隊がすばやく移動できるよう軍道として舗装された。街道の見本として「街道の女王」と呼ばれたという。

馬が引く戦車が行き違えるよう幅を約8メートルの広さにし、安定して走れるように大きな石が敷かれた。

約500キロにわたるアッピア街道

［世界で唯一の乗馬学校がある宮殿］

ハプスブルク家が住んだ30万平方メートルの王宮

⚜オーストリア　ホーフブルク宮殿

1275年頃、オーストリア公国の城として、オタカル2世によってウィーンに建てられたのがホーフブルク宮殿である。その後、神聖ローマ皇帝ルドルフ1世によってハプスブルク家の城となった。30万平方メートルの面積は東京ドームに換算すると約6・5個分という壮大さである。1918年まではオーストリア・ハプスブルク家の宮殿となり、あの有名なマリー・アントワネットもここで生まれた。

現在は大統領官邸、国立図書館、美術館、博物館、伝統あるスペイン式宮廷馬術を教える世界で唯一の乗馬学校などに使われている。

王宮内にある国立図書館

豆知識　紀元前776年に行われた第1回のオリンピック大会は、ゼウスに捧げる宗教的祭典で、種目は1スタディオンを走る短距離走のみだった。

世界初の都市計画は？

答　モエンジョ＝ダーロ（パキスタン）

世界一柱の多い教会は？

答　メスキータ（スペイン）

世界一観光客が多いストーンサークルは？

答　ストーンヘンジ（イギリス）

世界最古の金属硬貨は？

答　リディア硬貨（トルコ）

［世界最古の都市計画］

上下水道やゴミ箱もある古代の都市計画

⚜パキスタン　モエンジョ＝ダーロ

下水道や道路が整備され、浴場、納屋、瓶を置くためのくぼみがある床（飲食店もしくは洗濯店と推測されている）、穀物庫、マンホール、水洗トイレ、ダストシュートまである世界最古の都市計画遺跡がモエンジョ＝ダーロとされている。インダス川中流域に紀元前2600年頃につくられたモエンジョ＝ダーロは、その碁盤目状の都市計画が10世紀も続いたことがわかっている。

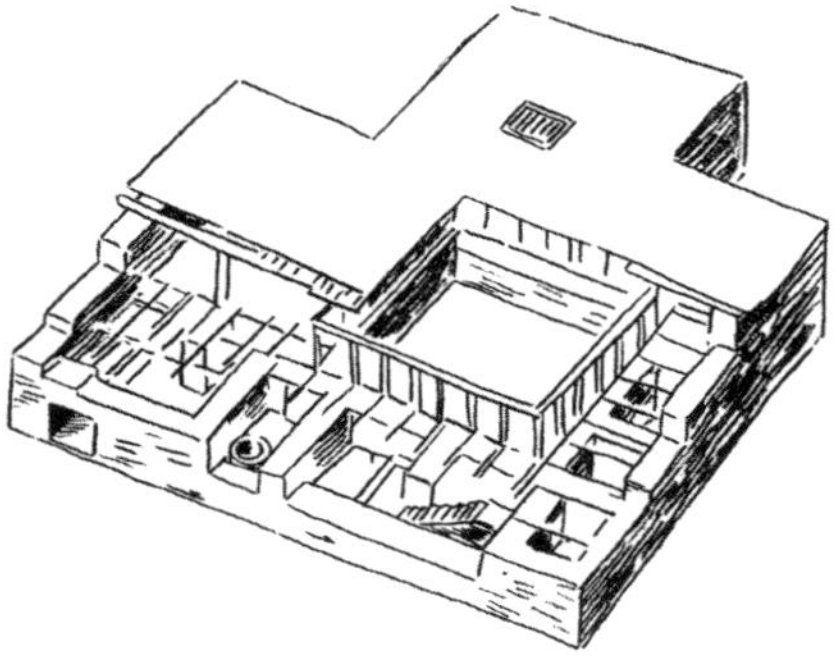

2階からゴミが捨てられるダストシュートが各家にあった

［世界一柱が多い教会］

1000本の柱があった元モスクの教会

⚜スペイン　メスキータ

世界遺産が4つもある都市コルドバに建てられた、元モスクだった教会が「メスキータ（聖マリア大聖堂）」である。8世紀後半にモスクとして建立された当初は、1000本の柱があったと伝えられる。

1236年のレコンキスタ後、メスキータはカルロス1世の命によりキリスト教の聖堂に改築される。その際、祭壇を置くために柱は約800本に減ってしまった。美しい柱を減らしてしまったことをカルロス1世が悔いたという伝説が残っている。

アーチは赤いレンガと白い石の対比が美しい。アーチはメッカの方向に対して垂直に立っている

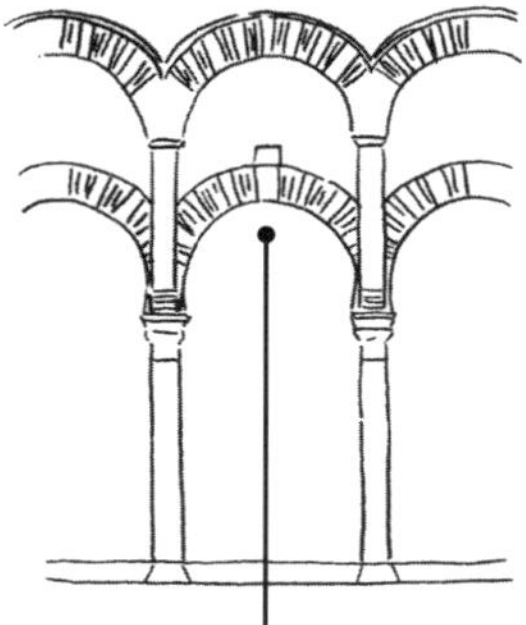

柱のアーチを二重にすることで天井を高くすることができた

豆知識　ネパールは世界一のマスターシード生産国（2021年　出典：FAO）。そして空気の質や水の衛生、生物多様性などで評価する環境パフォーマンス指数（EPI）が世界最下位（2024年　出典；YCELP）。

【世界一観光客が多いストーンサークル】

ＵＦＯの発着場？伝説の多さも世界一！

◆イギリス　ストーンヘンジ

イングランド南西部、ソールズベリーの郊外にストーンヘンジがある。毎年約１６０万人の観光客が訪れる、世界一観光客が多いストーンサークルだ。

ストーンヘンジの近くで巨大な円状に配置された20本の縦穴が発見されたり、ストーンヘンジに用いられているサーセン石がマールバラから運ばれてきたことが判明したり、研究は進んでいるものの、まだその建造目的は解明されていない。

「ＵＦＯの発着場だった」「夏至《げし》を祝う宗教儀式の場だった」「古代ケルト人の太陽神殿だった」「『アーサー王伝説』と関係がある」「治癒の石としてあがめられていたブルーストーンが使われているので、病人の巡礼地だった」「アトランティス人の末裔《まつえい》がつくった」「古代ギリシアのミノア文明に関係がある」など、伝説の多さも世界一といえる。

【世界最古の金属硬貨】

約３０００年前のお金　リディア王国の硬貨

◆トルコ　リディア硬貨

紀元前７００年頃、アナトリアにあったリディア王国が鋳造《ちゅうぞう》した貨幣が世界最古の硬貨とされている。

リディアの硬貨は、金73％と銀23％の合金「エレクトラム」でつくられ、獅子や雄牛の図柄が刻印されていた。

リディア王クロイソスが紀元前６世紀頃に鋳造した貨幣は、大英博物館や三菱ＵＦＪ銀行の貨幣・浮世絵ミュージアムなどで見ることができる。

リディアはキュロス２世のアケメネス朝ペルシャに敗戦し、紀元前５４６年に滅亡した。

豆知識　硬貨や紙幣が貨幣として一般化する前は、石、宝飾品、リスの毛皮、金の延棒、穀物などが用いられた歴史がある。

世界一収蔵数が多い図書館は？

答　アメリカ議会図書館（アメリカ）

世界初、女性でロンドン統計学会の会員になったのは？

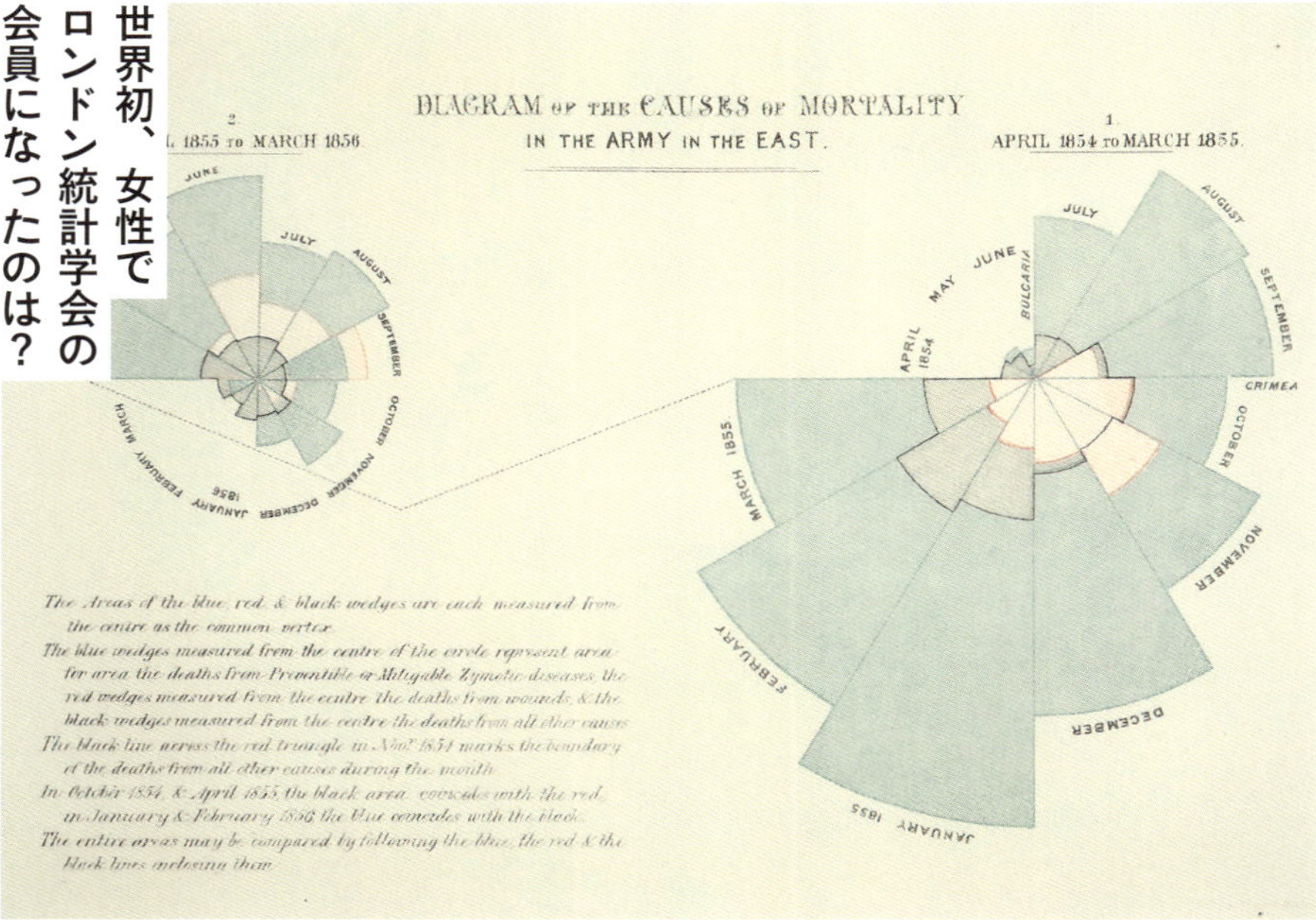

答　フローレンス・ナイチンゲール（イギリス）

ユーゴーが「世界で一番美しい広場」といった場所は？

答　グラン＝プラス（ベルギー）

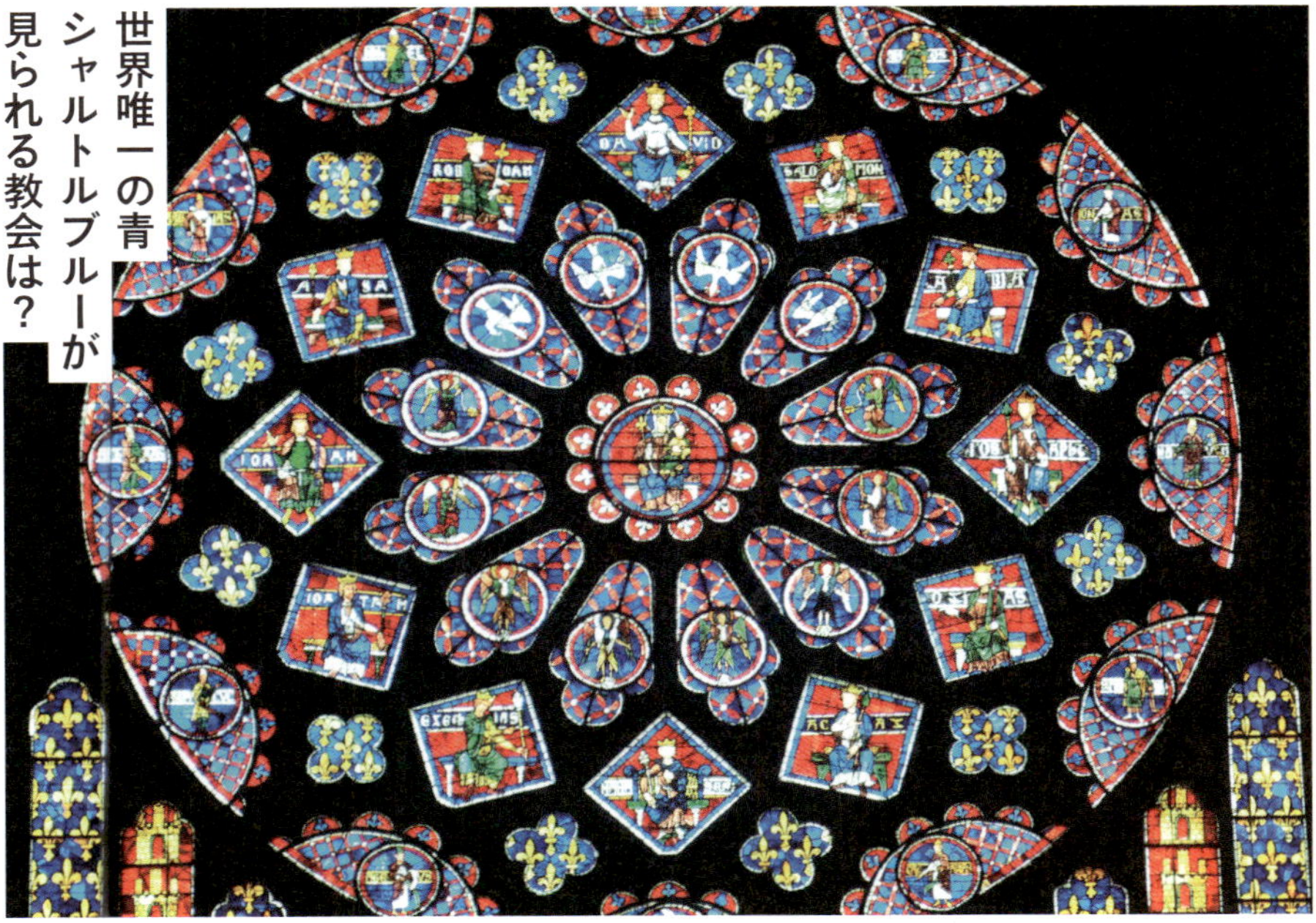

世界唯一の青シャルトルブルーが見られる教会は？

答　シャルトル大聖堂（フランス）

［世界一収蔵数が多い図書館］

1億7820万点の収蔵数をほこる図書館

⚜アメリカ　議会図書館

ワシントンにある連邦議会図書館は、1億7820万点というアイテム、2577万冊以上の蔵書数をほこる世界最大の図書館。蔵書が増えたため、1897年にトマス・ジェファーソン・ビルが建てられ、現在に至る。

連邦議会図書館館長は、大統領が任命することが、1802年に決定されている。2016年にはオバマ大統領がカーラ・ヘイデンを第14代館長に指名した。彼女は女性かつアフリカ系アメリカ人として初めて図書館長を務める。司書を専門職とする人物が館長になるのも初だった。

第14代館長のカーラ・ヘイデン

［世界初、ロンドン統計学会員になった女性］

ナイチンゲールは統計学でも偉業を成した

⚜イギリス　フローレンス・ナイチンゲール

ナイチンゲールはイギリス人の両親の新婚旅行中、1820年にイタリア・フィレンツェで誕生した。裕福な貴族の家に生まれたナイチンゲールは、高い教育を受ける。そして病院や農村で貧しい人々の暮らしを知り、看護師の道に進んだ。

1854年にはじまったクリミア戦争の最前線での惨状を知ったナイチンゲールは、直訴して看護団の総監督となりコンスタンティノープルに入る。衛生状態や食事を改善したナイチンゲールは「クリミアの天使」「ランプの貴婦人」と呼ばれ人気者となった。

クリミア戦争後、ナイチンゲールは軍の医療改革を訴えるため統計学を用いた資料を作成する。それは死亡率とそれに影響をおよぼした原因を、グラフを用いて詳細にまとめたものだった。その結果、改革はすばやく進み、1858年にナイチンゲールは女性で初めてロンドン統計学会の会員になった。

豆知識　58ページ下段の写真は、クリミア戦争の負傷兵たちの死亡原因についてナイチンゲールが作成したグラフ。

［ユーゴーが世界一美しいといった広場］

文豪のユーゴーも住んだ驚異的に美しい広場

⚜ベルギー　グラン＝プラス

ブリュッセルにある広場「グラン＝プラス」には、ギルド（12世紀頃からヨーロッパの商工業者が結成した同業者組合。18世紀のフランス統治下で廃止された）の建物「ギルドハウス」が残され、昔をいまに伝えている。旧市庁舎や、ブラバント公の行政庁「王の家」（スペイン王の支配時代）も広場のシンボルとなっている。

文豪ヴィクトル・ユーゴーは、1837年に初めてブリュッセルを訪れた感動を手紙に書いている。

「市庁舎はシャルトル大聖堂の尖塔に匹敵する宝石です。建築家の頭から生まれた、まばゆいばかりの詩人の幻想です。それらを囲む広場は驚異的です」

ユーゴーは、1851年に権力を手に入れたルイ＝ナポレオン（後のナポレオン3世）を批判し、ブリュッセル、ジャージー島、ガーンジー島などを転々として亡命する。1852年にはグラン＝プラスのギルドハウスに住んでいた。

［世界で唯一のシャルトルブルー］

現在の技術でも再現できない青

⚜フランス　シャルトル大聖堂

4世紀、フランス中部の都市シャルトルに創建されたシャルトル大聖堂は火災にあい、1194年からゴシック建築として再建が開始される。向かって右側の塔は12世紀、左側の塔は16世紀につくられた。

ほとんどのステンドグラスは13世紀頃につくられ、その青は現在の技術でも再現不可能な世界唯一の色で、「シャルトル・ブルー」と呼ばれている。

聖堂には170枚以上のステンドグラスがあり、世界最大規模のステンドグラスの中心地という地位を確立している。

豆知識　1852年にグラン＝プラスのギルドハウス住んだユーゴーは当時の生活を手紙にしたためている。ブリュッセル名物のチョコレートを飲んでいたことも手紙からわかる。

世界初、テレビの定期放送を送信した塔は？

答　ベルリン無線塔（ドイツ）

7万2千トンのダイヤモンドでできた世界唯一の中世都市は？

答　ネルトリンゲン（ドイツ）

世界一巡礼者が多い聖地は？

答　カーバ聖殿（サウジアラビア）

世界一来場者が多い美術館は？

答　ルーヴル美術館（フランス）

［世界初のテレビ定期放送を行った塔］

初のテレビ定期放送を行ったのはナチス・ドイツ

⚜ドイツ　ベルリン無線塔

1926年に旧西ベルリン地区に建てられたベルリン無線塔は、ラジオ電波の送信を目的に建てられたが、1935年からはナチス政権下でテレビ放送の電波を配信した。それが世界初のテレビ定期放送で、内容は映画、音楽、報道、アニメーションなどだった。

当時のテレビ受信機は手づくりで製造数が少なく、購入できる人は限られていた。そのため郵便局などに大人数を収容できるテレビ室がいくつもつくられたという。

ベルリン無線塔はパリのエッフェル塔を参考にしているため、デザインが似ている。高さは147メートルで、クフ王のピラミッドや日本の霞《かすみ》が関《せき》ビルとほぼ同じである。

1951年に放送塔としての役割を終えたが、ベルリン市民に「ランガー・ルラッチ（ノッポのやせっぽち）」の愛称で親しまれ、現在は観光名所になっている。

［ダイヤモンドでできた中世都市］

7万トンのダイヤモンドでできた都市

⚜ドイツ　ネルトリンゲン

ネルトリンゲンは1500万年前の小惑星の衝突によって形成された美しい中世の町である。

隕石が衝突した際に岩石が高温・高圧にさらされることで生成されるスエバイトには、肉眼では見えないごく小さなダイヤモンドが含まれる。ネルトリンゲンのスエバイトに含まれるダイヤモンドの総量は7万2千トンとされている。

1215年にネルトリンゲンは神聖ローマ皇帝フリードリヒ2世から権利を与えられ、帝国自由都市となった。

現在でも聖ゲオルク教会の塔の番人による「ゾー、グゼル、ゾー！」という中世から変わらない〝ダニエルの叫び〟を毎晩聞くことができる。

スエバイト

豆知識　ジョージアは不動産登記手続に1日しかかからないという世界一の短さ（2019年　出典：世銀）。開業手続きも1日しかかからないためビジネス環境が良好な国とされている。

［世界一 巡礼者が多い聖地］

260万人が巡礼に訪れた黒い石の神殿

⚜サウジアラビア　カーバ聖殿

サウジアラビアにはイスラーム教最大の聖地メッカがある。イスラーム教徒は一生に一度は必ずメッカを訪れることが義務づけられている。２０２３年には約２６０万人がメッカを訪れたと発表された。

イスラーム教の創始者であるムハンマドはアラビア半島西岸のメッカで誕生した。

６１０年頃、アッラーの啓示を受け、彼は自らが預《よ》言者《げんしゃ》であることを自覚。布教をはじめるもののメッカの大商人から迫害されてメディナへ移住する。

６３０年、ムハンマドはメッカを無血占領し、イスラームの聖地と定める。黒い石が埋め込まれたカーバ聖殿以外の、すべての偶像を信仰から排除した。

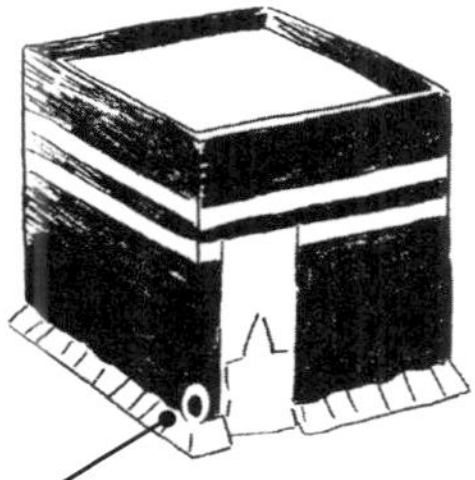

黒石

［世界一 来場者数が多い美術館］

年間１０００万人以上が訪れる元宮殿の美術館

⚜フランス　ルーヴル美術館

１７９３年に開館したルーヴル美術館は、現在約50万点の作品を所蔵している。２０２３年の来場者数は８９０万人で、コロナ禍前は１０００万人を超えていた。世界一来場者数が多い美術館である。フランス自体が世界一観光客が多い国でもある。

現在の館長ロランス・デカールは、ルーヴル美術館初の女性館長。

建物は12～13世紀に、フィリップ２世によって建てられたルーヴル宮殿で、１６８２年、ルイ14世によって王室コレクションを展示されたのが、美術館のはじまりとなった。

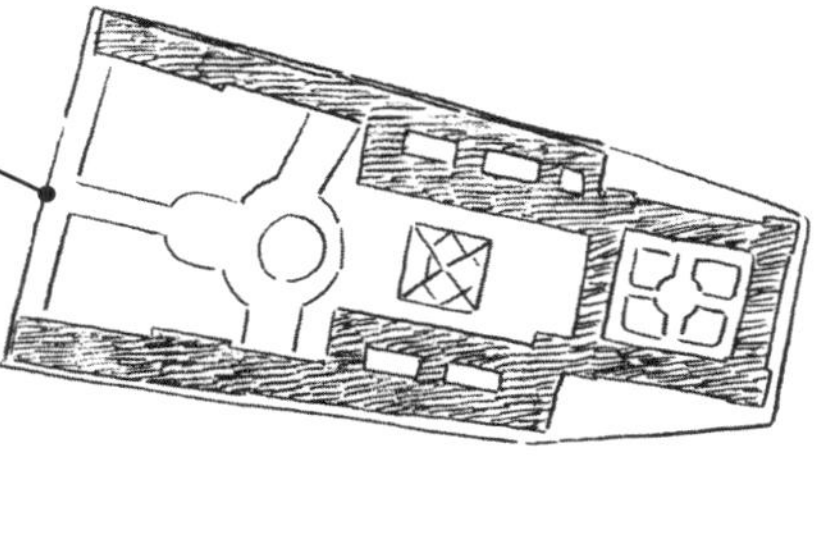

面積は約7万平方メートル。世界最大の美術館でもある。

豆知識　イエメンは1人あたりの名目GNI（国民総所得）が213国のうち212位（2022年　出典：国連）。最下位はブルンジ。イエメンは政府と反政府側（フーシ派）が激しく衝突している。

世界最古のビール醸造所跡は？

答　アビドス遺跡（エジプト）

世界一収蔵作品数が多い美術館は？

答　エルミタージュ美術館（ロシア）

世界一古い鉄橋は？

答　アイアンブリッジ（イギリス）

世界最古の動物園は？

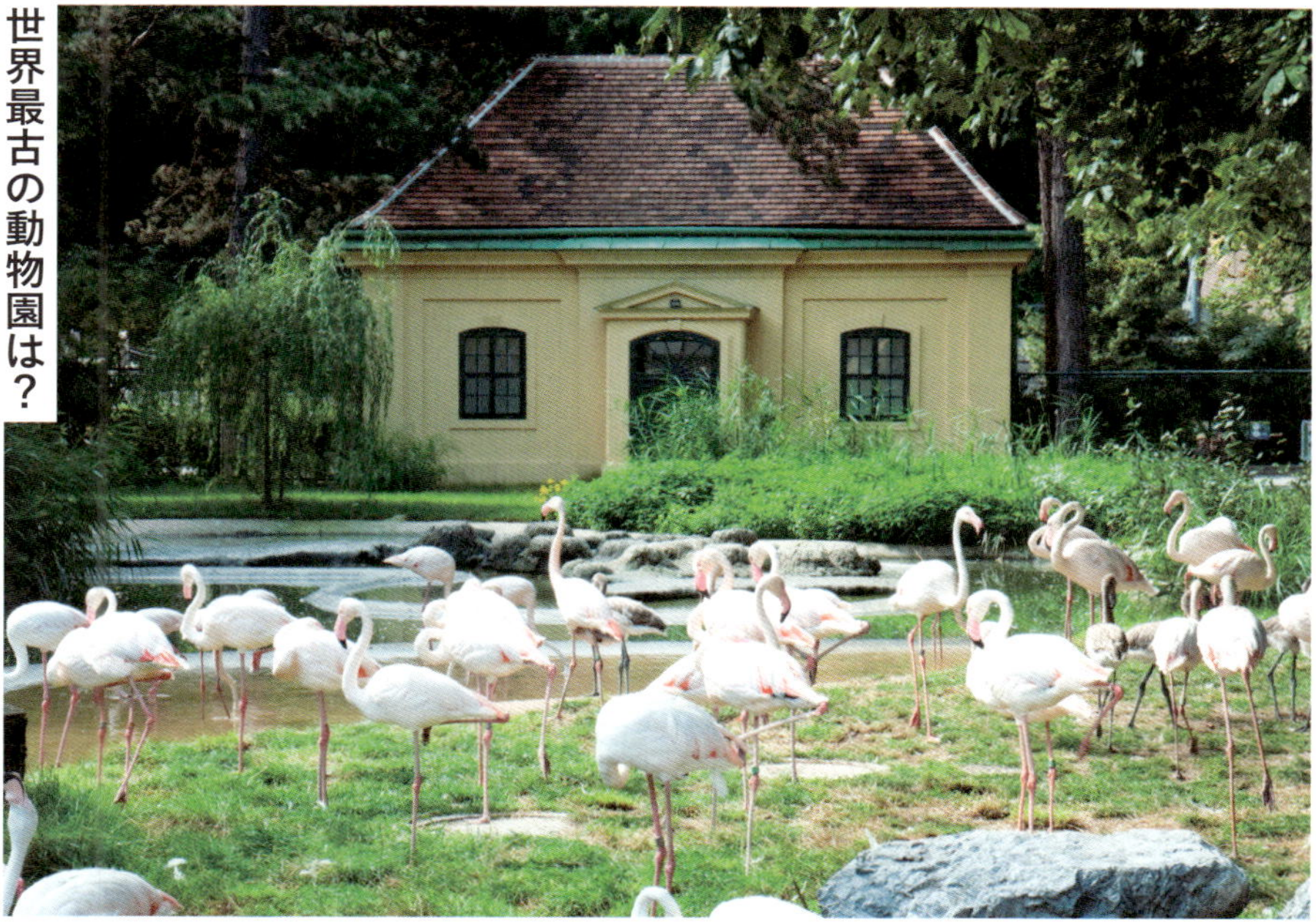

答　シェーンブルン動物園（オーストリア）

［世界最古のビール醸造所］

ピラミッドにも残るビール醸造の記録

⚜エジプト　アビドス遺跡

エジプトのソハグ県にある古代都市アビドスで５０００年前のビール醸造所《じょうぞうじょ》跡が発見されている。現時点で世界最古のビール醸造所跡だ。

紀元前２０００年代のピラミッドの壁画には、ビールを醸造している様子や、宴会で酔っ払って嘔吐《おうと》する女性の姿を描いた絵がいくつも発見されている。王侯貴族の埋葬品のなかには、ビールを醸造している様子をかたどった粘土模型もあった。

壁画のなかにはビールという文字（ヒエログリフ）も残されている。

古代エジプトのビールは現在のものよりアルコール度数が高く、約10％であったと考えられる。

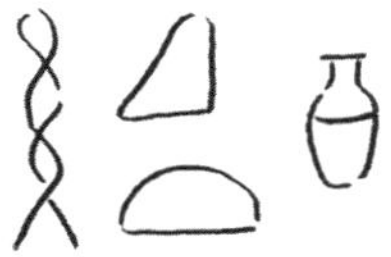

ビールを示す
ヒエログリフ

［世界一収蔵作品が多い美術館］

約３００万点の世界の至宝を持つ美術館

⚜ロシア　エルミタージュ美術館

エルミタージュ美術館は５つの建物で構成されている。「冬宮《とうきゅう》」は１５０年間にわたり歴代皇帝の宮殿だったが、１９１７年に美術館となった。エカチェリーナ２世が安らぐための温室やリビングルームもあった「小エルミタージュ」、ネヴァ川のほとりに宮殿コレクションと図書館を収容するために建てられた「旧エルミタージュ」、ニコライ１世により美術館としてつくられたロシア初の建造物「新エルミタージュ」、そして演劇などが上演される円形劇場「エルミタージュ劇場」。この５つに世界最大の約３００万点以上の作品が収蔵されている。

そもそも〝エルミタージュ〟とは「隠れ家」を意味する。美術館に使われているエルミタージュの建築物は、エカチェリーナが啓蒙思想を学ぶための図書館として建てられた。

豆知識　古代エジプトでは１年のうち約４ヶ月はナイル川の反乱により農作業ができなかった。その失業対策として行われたのがピラミッド建設で、労働の報酬が１杯のビールと玉ネギ１個だった。

【世界最古の鉄橋】

産業の拠点となる町をつないだ鉄の橋

⚜イギリス　アイアンブリッジ

イギリスのシュロップシャー州にある橋「アイアンブリッジ」は、1779年に完成した世界初の鉄製アーチ橋である。橋が有名なことから、村の名前もアイアンブリッジと名づけられている。

セヴァーン川にかかるこの60メートルの橋は、産業革命の象徴的な建築物のひとつで、世界遺産にも登録されている。

アイアンブリッジ渓谷《けいこく》から石炭、鉄鉱石、石灰などが採掘されたことから、シュロップシャーが製鉄業の中心地となり、セヴァーン川が重要な輸送路となった。

産業の拠点となる周辺の町をつなぐために橋の建設が計画され、建築家トーマス・ファーノルズ・プリチャードと製鉄業者のジョン・ウィルキンソンが中心となって推進したという。

ウィルキンソンの妹の夫が、酸素を発見した科学者ジョゼフ・プリーストリーである。

【世界最古の動物園】

チロル地方古来の家畜たちの保護も行う

⚜オーストリア　シェーンブルン動物園

シェーンブルン動物園は世界最古の動物園で、マリア・テレジアの夫であるフランツ1世（30ページ上）によって1752年に設立された。シェーンブルン宮殿の一部として世界遺産に登録されている。

シェーンブルン動物園は、アカフラミンゴやピンクフラミンゴなど6種の鳥に飛べない処理をほどこし、そのかわり屋外の開けた場所で飼育するという試みを行っている。鳥にとって痛みなどストレスのない方法で、可能な限り最良の飼育環境を鳥たちに提供することを目的としているという。

チロル地方にかつて生息し、現在は絶滅の危機にさらされている家畜たちの保存繁殖も行っている

豆知識　チェコには世界最大、最古の城とギネスブックに認定されているプラハ城がある。14世紀半ばにカール4世がプラハを神聖ローマ帝国の首都とし、さらに城も都市も発展した。

世界初の国際的な平和条約が締結された場所は？

答　ミュンスター（ドイツ）

世界最古のマスクは？

答　約9000年前のマスク（イスラエル）

世界最大の客船は?

答　アイコン・オブ・ザ・シーズ(アメリカ)

世界最古の証券取引所は?

答　アムステルダム証券取引所(オランダ)

［世界初の国際的な平和会議］

初の近代国際法締結地は政治・経済の重要都市

⚜ドイツ　ミュンスター

1648年、ウェストファリア条約が締結された。神聖ローマ帝国、スウェーデン、フランス、スペイン、オランダ、ヴェネツィア、スイス、ドイツの諸州といった主権国家の代表が集まって結んだ、世界初の国際的な平和条約である。

この条約により、ヨーロッパに大規模な影響をおよぼしていた三十年戦争が終結し、カトリックとプロテスタント（少数派を除く）の平等が決定された。また、スイスとオランダが独立した。

条約締結が行われたドイツのミュンスターの市庁舎「平和の間」は現在も残され、一般に公開されている。その部屋には調印者たちの肖像も展示されている。

ミュンスターは商家が集まる通り「プリンシパルマーケット」も栄え、国際的な政治・経済に大きな影響力を持つハンザ同盟にも加わった都市だった。

［世界最古のマスク］

石灰石でつくられた約9000年前のマスク

⚜イスラエル

イスラエル南部の南ジュディアン沙漠の洞窟で発見された石製のマスクは、約9000年前につくられた世界最古のマスクと推定されている。

それらはエルサレムの農民が石灰岩でつくったもので、宗教の儀式に用いられた可能性が高いという。

マスクの側面には穴が空けられている。その穴が何に使われたものなのかは、まだ解明されていない。マスクのデザインはさまざまである。

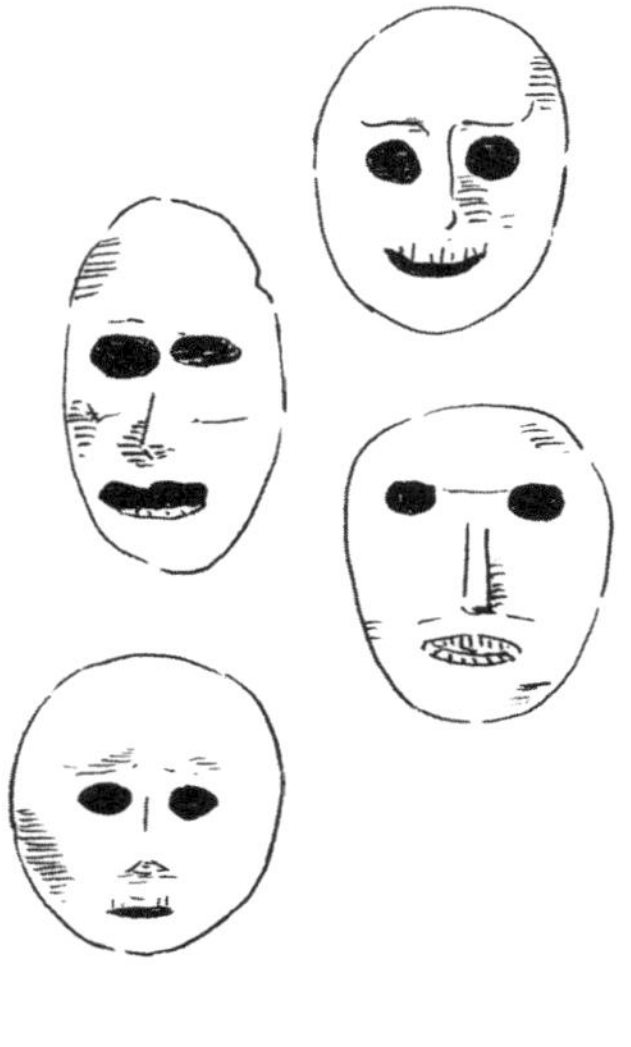

豆知識　ルクセンブルクは1人あたりの社会保障費、平均年収（購買力平価換算）、年金見込額、1人あたりの名目GDP（国内総生産）が世界一という裕福な国である。

［世界最大の客船］

25万8000トン！新時代のクルーズ船

♦アメリカ　アイコン・オブ・ザ・シーズ

2024年に運行を開始した世界最大の客船が、アイコン・オブ・ザ・シーズである。総トン数は25万8000トン、全長365メートル。最大乗客定員数7600人、最大乗務員数2350人を収容可という大きさが話題を呼んでいる。

船上には劇場や40以上のレストラン、公園などもあり「海上のテーマパーク」とうたっている。

また、比較的環境への影響が低いＬＮＧ（長距離を輸送できるよう天然ガスを液化する技術）を使っている点でも注目されている。

日本の空港から出発し、約11日間の旅程で料金は約80万円〜100万円。

アメリカ、マイアミ、バハマを経て、ロアタン（ホンジュラス）、コスタマヤとコズメル（メキシコ）など、カリブ海をクルーズする。

［世界最古の証券取引所］

チューリップによる世界初のバブルも起きた

♦オランダ　アムステルダム証券取引所

1602年に設立された世界初の近代的な証券取引所が、ダムラック通りにあったアムステルダム証券取引所である。19ページの株券もそこで売買できた。

アムステルダムに各国から商人が集まり、オランダ東インド会社も設立されて東インド・中東との貿易が盛んになるなか、トルコから輸入されたチューリップへの投資をめぐって「世界初のバブル」といわれる事件がオランダで起きる。

チューリップの球根が過剰に値上がりし、株式なども値上がりしたあと、1632年に球根の値がいっきに下がる。球根の先物取引が行われていた証券取引所も混乱に陥った。

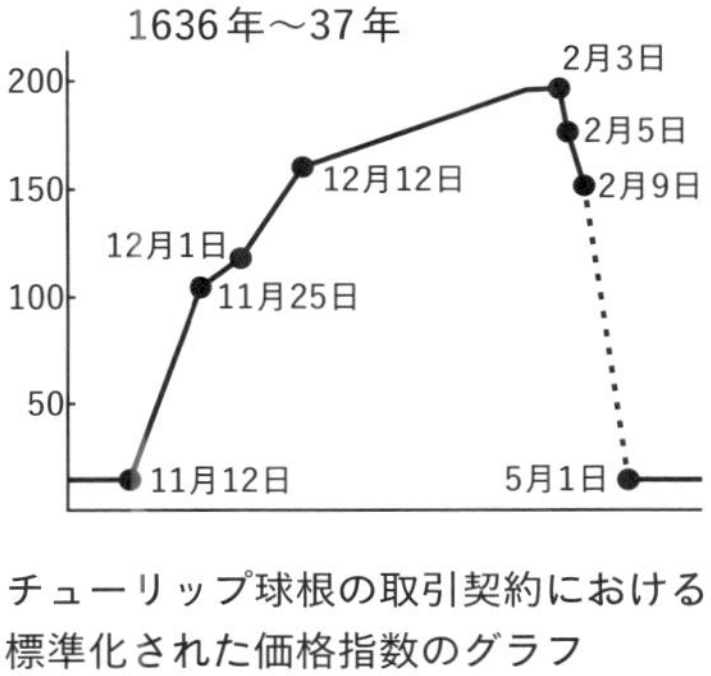

チューリップ球根の取引契約における、標準化された価格指数のグラフ

豆知識　オランダのチューリップ・バブルにおいて最も高値で取引されたのは、縞模様など多色の花弁のチューリップ（のちにチューリップの病気だったとわかる）だった。

世界最大の鉄道模型館は?

答　ミニチュア・ワンダーランド（ドイツ）

世界で初めて地球一周したのは?

答　マゼラン隊（スペイン）

2024年、世界一のレストランに選ばれたのは？

答　ディスフルタール（スペイン）

世界一大きいダイヤモンドは？

　答　カリナン（イギリス）

［世界最大の鉄道模型館］
世界各地の鉄道をミニチュアで緻密に再現
⚜ドイツ　ミニチュア・ワンダーランド

世界最大の鉄道模型館は、ドイツ・ハンブルクにあるミニチュア・ワンダーランドである。双子のブラウン兄弟のアイデアによって誕生した。

館内には１６４９１メートルの線路が敷かれ、１２３１台の鉄道模型がある。14・51メートルにおよぶ最長のミニチュア列車、１４０３個の信号、１万２千以上のワゴン、ミニチュア鉄道の総走行距離１０３０キロメートルなど見どころは満載だ。

「３万リットルの水を使ったスカンジナビアの海に浮かぶ北バルト海艦隊や、厳冬の雪景色を走る列車」「36平方メートルのミニチュアで表現したモナコ公国と、その開発とプログラミングに11年かけたＦ１グランプリのコース」「アンデス山脈を走る狭軌《きょうき》鉄道ラ・トロチータとペンギンがいる南極」など緻密《ちみつ》につくられた世界各地のコースが楽しめる。

［世界初の地球一周］
スペインを出発しフィリピンを経由して一周
⚜スペイン　マゼラン隊

探検家マゼランはポルトガルの貴族として生まれたが、スペイン国王カルロス1世の支援のもとに、スペインのセビリヤから西へ進み、１５１９年に地球一周の航海に出る。

冬の厳しい天候や乗組員の反乱を乗り越え、アルゼンチンから南米大陸の先端マゼラン海峡に到着し、マゼラン隊は太平洋へ。病気や飢えと戦いながらグアムを経てフィリピンに着くが、セブ島でキリスト教の布教を続けたマゼランは、地元の人々と争いになり戦死する。

マゼランの死後、残った乗組員はスペインに戻り、地球一周を果たした。セブ島には、マゼランが建てたと伝えられるマゼラン・クロスが残されている。

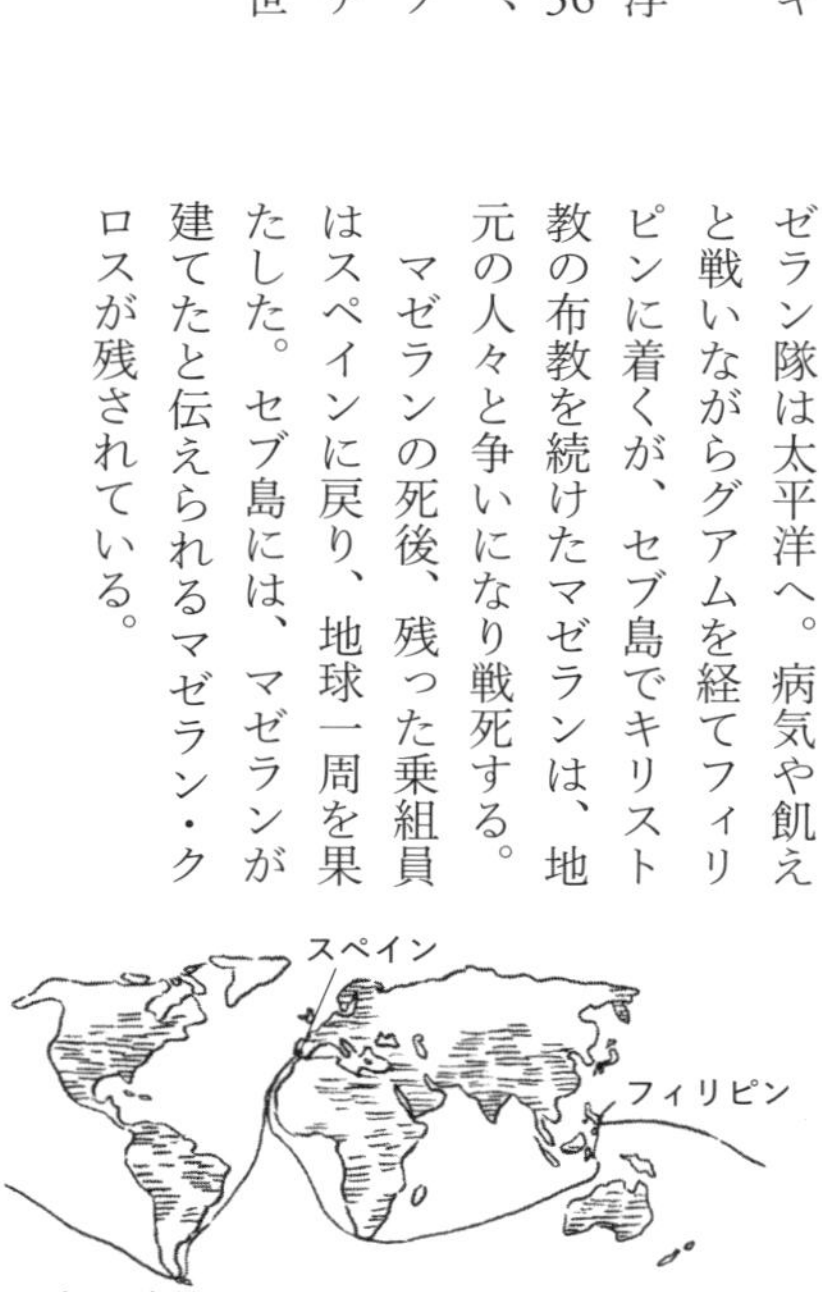

地球一周の航路

豆知識　セブ島に建てられたマゼラン・クロスは「万病に効く」という噂が広がり、木製の十字架を削る人が後を絶たず、その全壊を防ぐため後に八角堂が建てられたという。

[世界一のレストラン]

2024年 世界の50レストラン1位

✤スペイン　ディスフルタール

毎年大きく報道される「世界のベストレストラン50」で2024年の1位に輝いたのは、スペインのバルセロナにあるディスフルタール。

店を率いる3人のシェフは伝説のレストラン「エル・ブジ」で出会った。

「世界のベストレストラン50」はウィリアム・リード社によって2002年から発表されている賞で、歴史は浅いが、世界のすべてのレストランから50店が選出されるため注目度は高い。

エル・ブジやノーマなど話題のレストランが1位に選ばれてきた。近年は南米のレストランのランクインが増えているのが特徴的である。

ディスフルタールは煙が立ちのぼる
木箱に入れられた料理も話題に

[世界最大のダイヤモンド]

3106・75カラットのダイヤは英国王室に

✤イギリス　カリナン

1905年、3106・75カラットのダイヤモンド原石が南アフリカのプレミア鉱山で発掘された。カット前の原石としては現在も世界最大といわれている。

カリナンは大きな9個と小さな96個にカッティングされ、最も大きなカリナン1世（530・2カラット）はイギリス王室が所有する王《おう》笏《じゃく》に、2番目に大きなカリナン2世（317・4カラット）は大英帝国の王冠にセットされている。

無色カットダイヤモンドとして世界最大のカリナン1世は、普段はロンドン塔に展示されている。

豆知識　カットダイヤモンドの世界最大は黒ダイヤモンドのエニグマ（555.55カラット）、2位はファンシーイエローブラウンのザ・ゴールデンジュビリー（545.67カラット）。

答　サンタ・マリア・ノヴェッラ（イタリア）

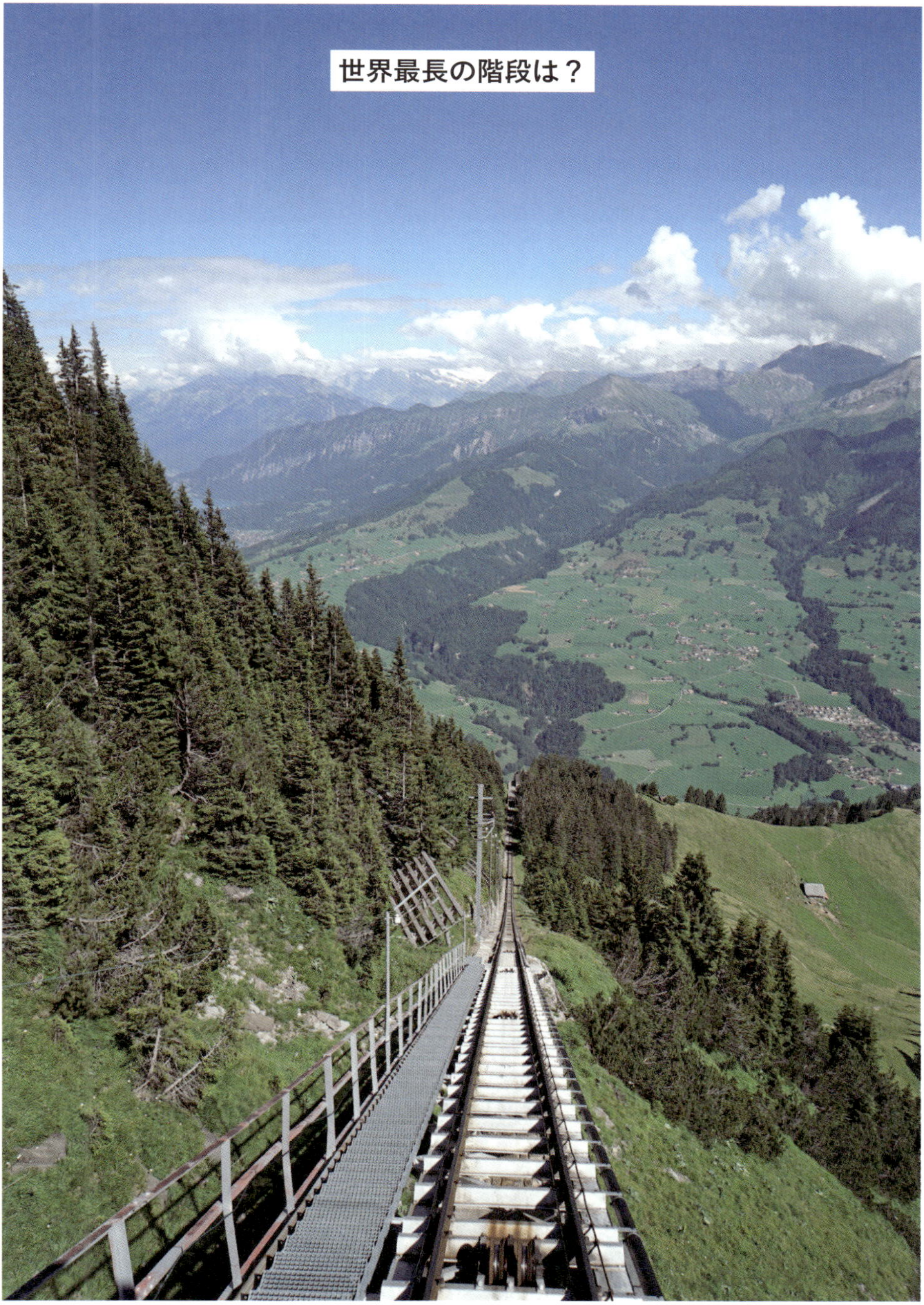

答　ニーゼンバーン（スイス）

【世界最古の薬局】

ペストをきっかけに香りの水が誕生した

⚜イタリア　サンタ・マリア・ノヴェッラ

１２２１年、ドミニコ会の修道士たちが修道院を設立し、菜園で植物を育てはじめる。薬草を栽培して治療に役立てていたことが薬局「サンタ・マリア・ノヴェッラ」の設立につながったとされている。

１３３４年頃、裕福な商人のダルダーノ・アッチャイウオリがサンタ・マリア・ノヴェッラで治療を受けたお礼に、サン・ニッコロ礼拝堂の建設に資金を提供した。現在のフィレンツェの店舗にその礼拝堂が使われている。ヨーロッパをペストがおそっていた１３８１年には、バラの花びらを蒸留し、バラの香りがする「バラの水」を販売。消毒用に部屋にまいたり、薬として飲んだりして利用された。

ペスト後に台頭したメディチ家のカトリーヌ・ド・メディシスが１５３３年にフランス皇太子アンリ（後のアンリ2世）と婚約したときには、サンタ・マリア・ノヴェッラに「王妃の水」と呼ばれる香水を注文した。

フィレンツェのサンタ・マリア・ノヴェッラ薬局。18世紀の食器棚や器具が置かれた古い販売室

銅と錫《すず》でつくられた蒸留器

乾燥した花を砕いて粉々にする木製のハンマーミル、グラインダー、鋳鉄製のプレス機、磁器の花瓶、古い石けんカッター、乳鉢、秤《はかり》、温度計、修道士たちのオリジナルのレシピ台帳などが展示されいる

1542年に修道院から薬局が独立し、一般に向けた薬局として運営が開始された

豆知識　モナコは1人あたりの名目GDP（国内総生産）と、1人あたりの名目GNI（国民総所得）も世界一（2022年　出典：国連）。個人所得税・相続税・贈与税が課せられず、裕福な人々が住んでいる。

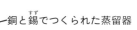

【世界最長の階段】

標高2362メートルの山を登る11674階段

✤スイス　ニーゼンバーン

1906年に建設がはじまり、1910年に開通したスイスの「ニーゼンバーン」は、全長3500メートル、高低差1642メートルのケーブルカー。標高2362メートルのニーゼン山の頂上と、ふもとのミューレネンを約30分で結んでいる。

その路線沿いにあるのが、11674段の世界一長い階段である。

鉄道のメンテナンスと救助用の階段であるため、普段は関係者以外の立ち入りは禁止されているが、年に1度だけ階段昇りのレースが開催され、一般客も世界最長の階段を使うことができる。

標高2300メートルというと、妙高山《みょうこうさん》（新潟）や乗《のり》鞍岳《くらだけ》（岐阜・長野）、鳥海山《ちょうかいさん》（山形・秋田）などと同じくらいの高さ。階段昇りというより登山である。

ケーブルカーの最大勾配《こうばい》は68‰《パーミル》で、日本の鉄道の難所として有名な碓氷《うすい》峠の66・7‰を超えている。

11674段を走るレース

1年に1度、世界最長の階段はレースの舞台として一般に公開されるが、急勾配を時間内に走る制限が設けられており、かなりトレーニングを積んで臨まねばならない。

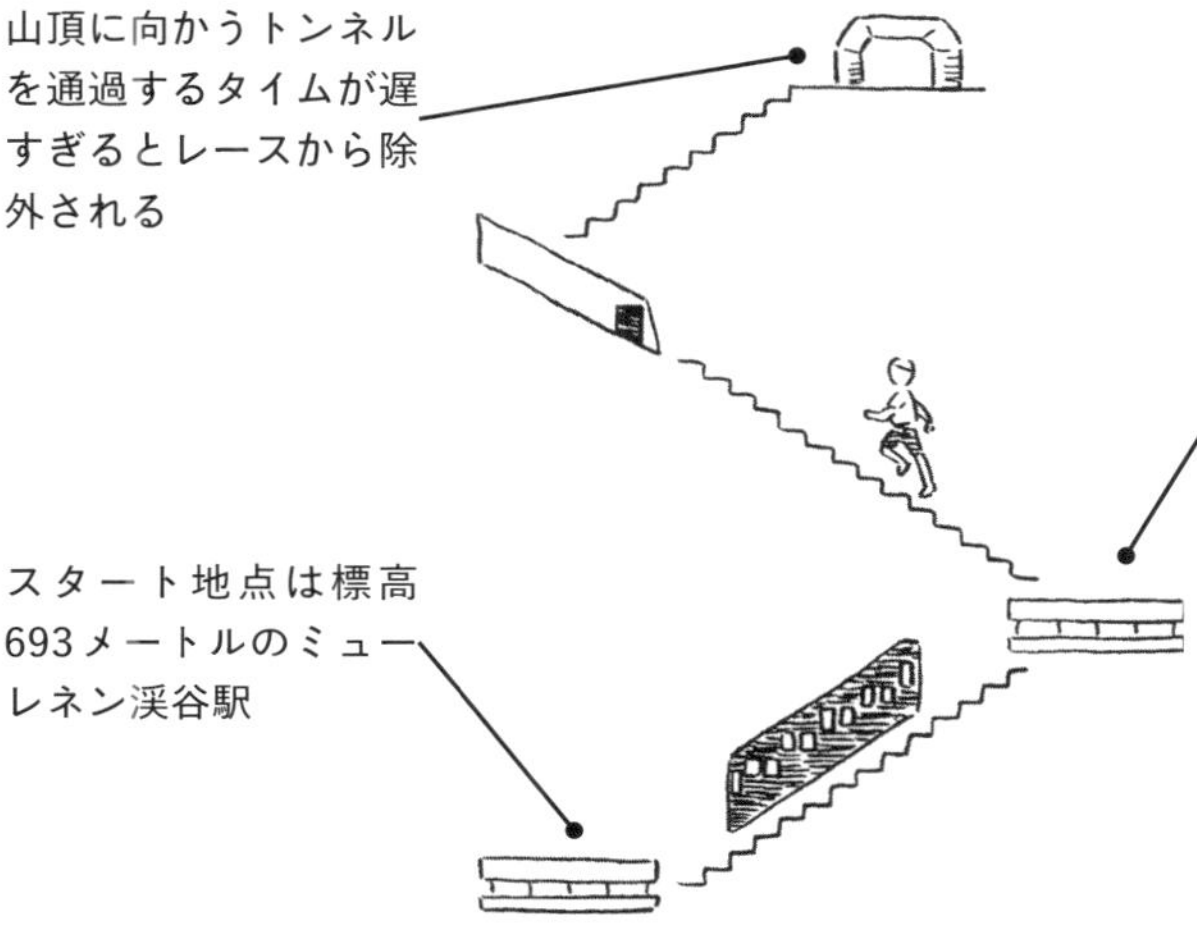
中間駅シュヴァンデックまでの 2.1 キロメートルを1時間で走りきらないとレースから除外される

コラム

作曲家ブラームスも登ったニーゼン山

登山ブームが起きた19世紀、作曲家のブラームスも1886年の夏の休暇にニーゼン山に登った。馬とラバ、4人の男が運ぶイスを使って登ったと伝えられる。

豆知識　ブラームスが53歳でニーゼン山に登ったのは、ベルン在住の詩人ヴィートマンのすすめによる。ニーゼン山はクレーやホドラーなどの画家たちの作品にも描かれた。

答　ショクダイオオコンニャク（インドネシア）

 答　ポシドニア・オーストラリス（オーストラリア）

［世界最大の花］

世界最大の花は3メートルの「死体花」

インドネシア　ショクダイオオコンニャク

花序《かじょ》の大きさが直径1・5メートル、高さ3メートルに達するものがあり、世界最大の花といわれている。インドネシア・スマトラ島の固有種で、熱帯雨林に育つ。現在は絶滅危惧種に分類され、熱帯林が残るバリサン山脈でのみ自生が確認されているという。

腐った肉のような臭いを放つことから〝死体花〟を意味する学名がつけられている（Amorphophallus titanum）。臭いはハエや甲虫などの腐食性昆虫を引き寄せるためで、花のなかに花粉をつけた虫が転がり落ちることによって、虫たちを介して受粉が行われる。

この大きな花はなかなか咲かないことでも知られ、インドネシアでは「8〜10年に1回しか花をつけない」といわれている。しかも約2日ほどしか咲かない。

大きく進化した理由はまだ解明されていないが、花粉を運ぶ虫の行動と関係があるのではないか、と推測されている。

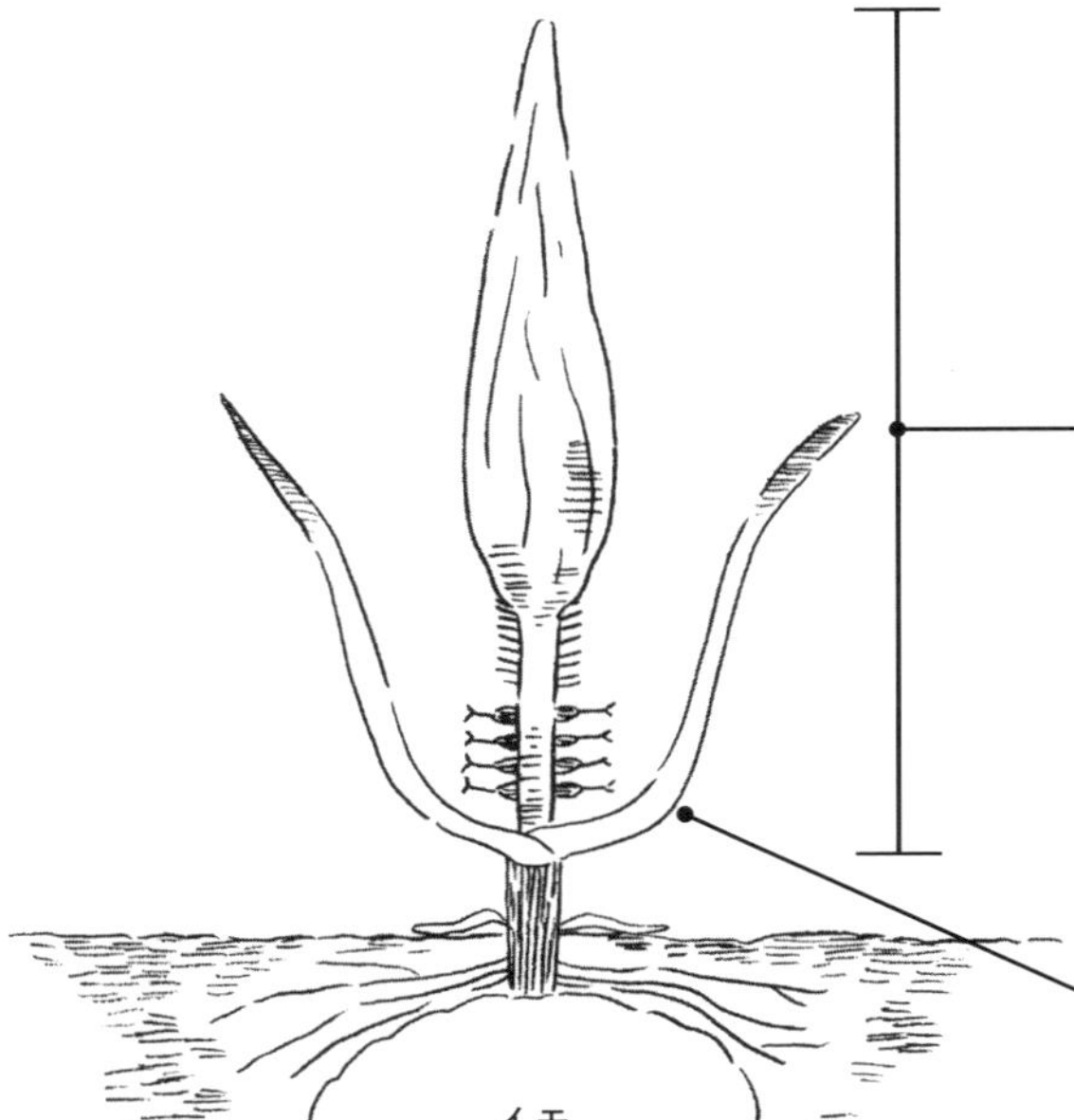
花序（単独の花ではなく花の集団で構成されている花）の高さは、大きなもので約3メートルに達する
花びら（仏炎苞《ぶつえんほう》）は直径約1メートル
イモ

豆知識　1985年頃はスマトラ島の半分以上を熱帯林がおおっていたが、現在はその半分以下に減少。おもな原因はパーム油用のアブラヤシのプランテーション開発といわれている。

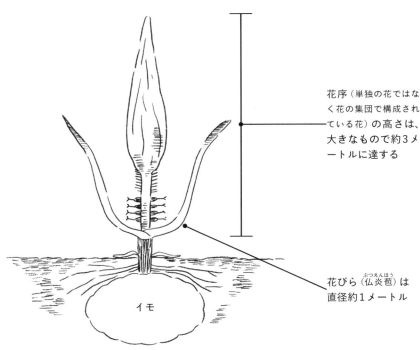

［世界一大きい植物］

海底に広がる約200平方キロの海草

⚜オーストラリア　ポシドニア・オーストラリス

2022年、西オーストラリア大学とフリンダース大学の研究者らが、世界最大の植物「ポシドニア・オーストラリス（Posidonia australis）」を発見したことを発表した。

その全長は180キロメートルにおよび、4500年以上も生き続けている海草であることが判明。

発見された西オーストラリア州のシャーク湾は生物の多様性と自然の美しさが残されていることから世界自然遺産に指定されている地域である。

湾の環境は、塩分濃度が高い、温度差も激しい、水中の光量が多いなど過酷だったため、独自の方法で成長する植物が生き残ったとされている。

ポシドニア・オーストラリスは地中に茎《くき》を伸ばし、伸ばした茎から根や芽が出て成長し、クローンを生み出すことで最大の植物になった。

利尻島《りしりとう》と同じくらいの大きさの海草

約200平方キロメートルにわたる海底に広がる海草が、ひとつの植物。その大きさは利尻島と同じくらい。4500年前、つまり日本が縄文時代だった頃に誕生した海草とされている

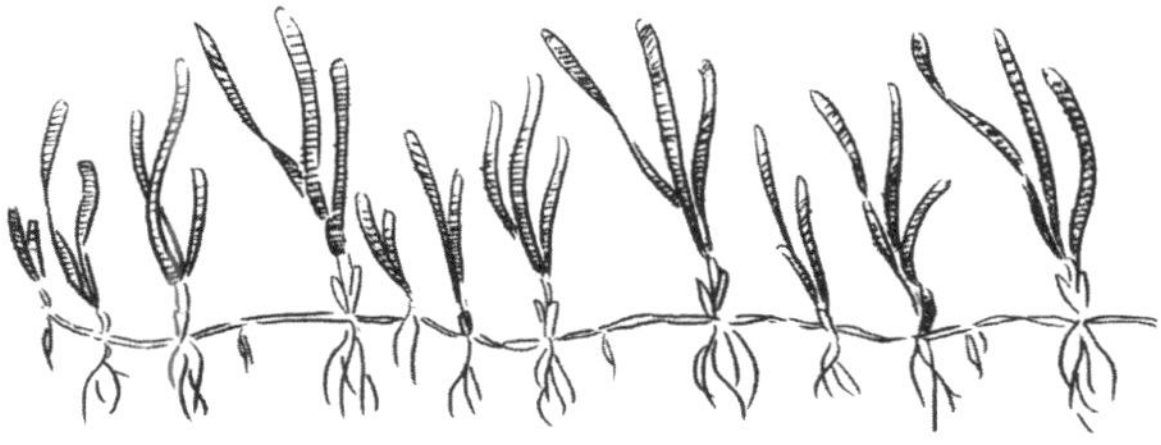

コラム

地中海で発見された個体は10万歳？

地中海西部で発見された約15キロメートルのポシドニア・オーストラリスは10万歳以上と推測されている。

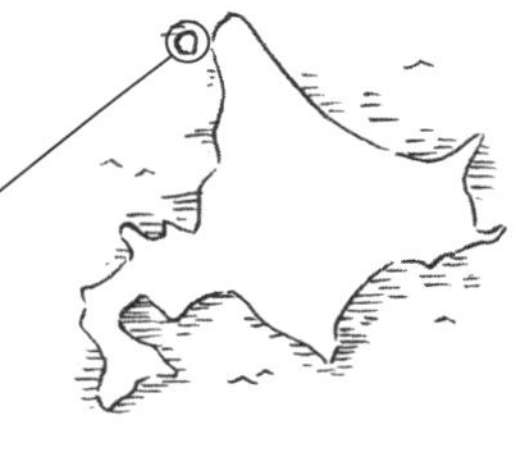

世界最大の植物は約182平方キロメートルの面積である利尻島と同じくらいの大きさ

豆知識　ポシドニア・オーストラリスそのものが多様な生物を発見できるホットスポットとしても重要視されている。そのなかに他地域では見られない固有種が生息しているという。

世界最大の波が来る海岸は？

答　プライア・ド・ノルテ（ポルトガル）

世界で一番古い国営の岩塩抗は？

答　ヴィエリチカ岩塩坑（ポーランド）

世界一の調理用バナナ生産国は？

答　ウガンダ

世界最多の核兵器保有国は？

　答　ロシア

［世界最大の波に乗れる場所］

世界中のサーファーが集合 28・57メートルの波

⚜ポルトガル　プライア・ド・ノルテ

ポルトガル・ナザレの海岸「プライア・ド・ノルテ」で、ドイツ人のサーファー、セバスチャン・シュトゥットナーが約28・57メートルの波に乗った。この偉業は世界一の記録として2024年に大きく報じられた。世界最大の波がやってくる可能性が高いのは10月から3月までの冬の季節。世界中のサーファーが波を求めてナザレに集まってくる。

ビーチの上にはサン・ミゲル・アルカンジョ要塞がある。この要塞はポルトガル国王セバスティアン1世の命で、ナザレの漁村や造船所を守るために1577年に建設された。

17世紀には、オランダの私掠船《しりゃくせん》から木材や鉄、ワイン、武器などを積んだポルトガル船を守るため、さらに堅固な要塞として再建されている。

19世紀にはフランス軍によるポルトガル侵略への反撃の舞台にもなった。

［世界最古の国営岩塩坑］

塩の芸術品で装飾された美しい地下空間

⚜ポーランド　ヴィエリチカ岩塩坑

ヴィエチリカ岩塩坑近郊における塩の製造のはじまりは新石器時代中期、紀元前3500年頃にさかのぼるといわれている。

13世紀の終わりには「クラクフ製塩所」と呼ばれる企業が設立された。塩はポーランドにおいて重要な鉱物で、カジミェシュ3世が治めた14世紀頃には、塩の収入が国庫収入の3分の1を占めていたと推定されている。

700年にわたる採掘は1996年に完全に中止され、現在、絵のように美しい鉱山の作業場は一般に公開されている。1978年には世界遺産に認定された。

9層もの岩塩坑には聖ペテロ礼拝堂、塩の結晶で装飾されたシャンデリア、神秘的な色をたたえる塩湖、歴史的な製塩装置など見どころがたくさん。ただし、それらをめぐるには800段以上の階段を登らなければならない。

豆知識　世界最古の岩塩坑はオーストリアのハルシュタットで、紀元前2000年頃から採掘が開始され、現在も行われている。1997年には世界遺産に登録された。

【世界一の調理用バナナ生産国】

年間1000万トン！主食がバナナの国

⚜ウガンダ

料理用バナナはウガンダの主食として食べられている。加熱調理して食べる「マトケ」と呼ばれるものが主で、食べ方は地域によって異なる。煮るだけで食べる、蒸したあとにマッシュして食べるなどがある。

ウガンダは世界一の料理用バナナ消費国かつ生産国で、2022年には約1000万トンを生産している（出典：FAO）。

人口が165万人を超えた首都カンパラの食を支えるため、水と緑が豊かなウガンダ西部でバナナ栽培が拡大していった。農民たちにとってバナナは現金の収入源としても、主食を自給するためにも重要な作物である。

ウガンダは1890年にイギリスの支配下に入り、独立後に1963年から共和国となった。クーデターがくりかえされたが現在のムセベニ大統領は長期政権を維持している。

【世界最多の核兵器保有国】

5000発以上でロシアとアメリカが拮抗

⚜ロシア

2024年1月、各国が保有する核弾頭の総数は1万2121発であることをストックホルム国際平和研究所（SIPRI）が発表。その9割をロシアとアメリカが保有している。3位の中国は昨年から約100発増えて500発に。どの国よりも速いペースで増強しているという指摘がある。

8位のイスラエルは毎年38億ドル（約5900億円）の軍事支援をアメリカから受けているうえに、2024年度の軍事支援が追加分を含めて179億ドル（約2・7兆円）と過去最高だったことが判明している。

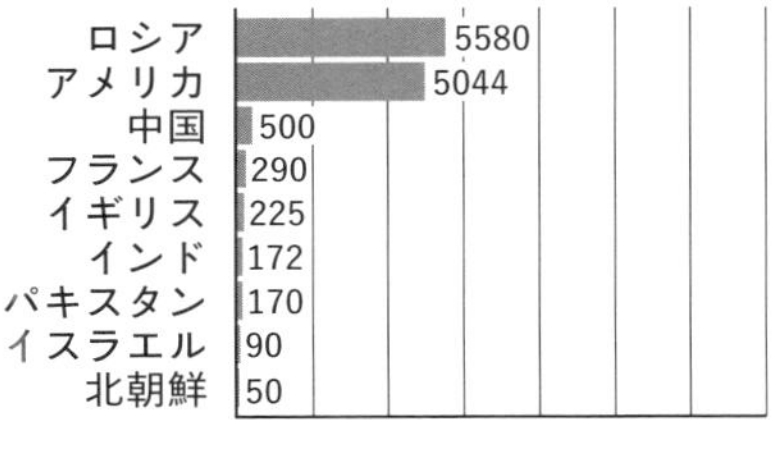

2024年1月時点
核保有国の
保有核弾頭数推計値
（SIPRI）

豆知識 2024年6月にロシアは戦術核兵器の訓練写真を公開。9月にはプーチン大統領が、核兵器保有国の支援を受けている核を持たない国からの攻撃も共同の攻撃と受け止めると表明した。

世界平和度指数1位の国は？

答　アイスランド

世界一重いイチゴが栽培された国は？

答　イスラエル

世界最大の砕氷船は？

答　アルクティカ（ロシア）

世界最大の迷路都市は？

答　フェズ旧市街（モロッコ）

［世界平和度指数1位］

⚜アイスランド

安全・紛争・雇用・教育…世界一平和な国は？

経済平和研究所（IEP）が発表した2024年版「世界平和度指数（GPI）」1位はアイスランド。

世界平和度指数は163の国と地域を対象に調査。23の指標をもとに、「社会の安全・安心」「継続中の国内・国際紛争」「軍事化」という3つの領域について平和の状態を分析している。

アイスランドは軍事力を持たず、犯罪率が低く、教育制度と福祉制度が充実。雇用と収入、幸福感という観点から1位となった。

1位	アイスランド	1.112
2位	アイルランド	1.303
3位	オーストリア	1.313
4位	ニュージーランド	1.323
5位	シンガポール	1.339
6位	スイス	1.350
7位	ポルトガル	1.372
8位	デンマーク	1.382
9位	スロベニア	1.395

アイスランドは17年連続1位を守っている。日本は17位で2023年の9位からランクダウン

［世界一重いイチゴ］

⚜イスラエル

重さ289グラム！約18センチのイチゴ

2022年にイスラエルのカディマで、289グラムもの重さに育った世界最大のイチゴが披露された。幅約18センチ、厚さは約4センチ。

記録が更新されるまでは、2015年に福岡市で栽培された250グラムの「あまおう」が世界一だった。

国土の半分以上が砂漠で、乾燥地が広がるイスラエルでは、農業の生産力を上げるためにドリップ灌漑《かんがい》が考案された。また現在も紛争中であるように、周辺国を経由して物資を入手できない状況が多いため、自給率を上げることが重要だった。

ドリップ灌漑は水源から水をくみ上げ、チューブによってピンポイントで作物の根元に給水するシステム。水の使用量を最小限に減らしつつ、確実に水を作物に届けることができる。このシステムはイチゴにも適し、イスラエルでイチゴ栽培が盛んになった。そんな背景があり、世界一重いイチゴが誕生したと考えられる。

豆知識 2022年のイスラエルのイチゴの生産量（出典：FAO）は世界29位。1位は中国、2位はアメリカ、3位はトルコだった。

［世界最大の砕氷船］

5隻もの世界最大の砕氷船が次々と起工

⚜ロシア　アルクティカ

ロシアが世界最大の原子力砕氷船を次々とつくっている。現在、全長173メートルのアルクティカ、シビール、ウラルが北極圏で就航している。ヤクチアも進水し、6番艦のレニングラードの起工式も行われた。これらの砕氷船は厚さ2・8メートルの氷を割りながら航行できる。

現在、ロシアは北極海航路開拓のスピードを上げているといわれている。北極海周辺で採掘される石油や天然ガスなど資源の輸送を安定して行うため、原子力砕氷船は護衛の役目を果たす。

その背景には気候変動があり、ヨーロッパからロシアの北を通り、アジアへ至る北極海航路の海氷が急速に減り、海上交通量が爆発的に増えているという。

ロシアは原子力砕氷船を持っている世界唯一の国。北極海の経済権を狙い、中国、アメリカ、カナダ、ノルウェーなどのけん制がはじまっている。

［世界最大の迷路都市］

メインの通りはラクダがすれ違える道幅

⚜モロッコ　フェズ旧市街

フェズは8世紀頃にアラブ人の王族イドリースによるイドリース朝時代に起源がある。多様な人種を受け入れた都市だったので、さまざまな街区に分かれていた。

通り沿いには公共施設やスーク（市場）が並び、荷物をのせたラクダがすれ違える最低限の広さということで、通りの幅は5〜10メートルに決められていたという。

住宅地はよそ者が入りにくい袋小路にあり、30センチほどの細い袋小路の奥にある住宅の中庭は、外から想像もできないほど美しく飾られ、風通しも心地よくつくられていた。

フェズ旧市街（メディナ）の住宅地にある通りは狭く、迷路のようになっている

豆知識　原子力砕氷船の建造は、カナダも試みたが実現しなかった。中国は自国で建造した砕氷船を就航させ、北極圏への進出に力を入れている。

左右対称につくられた世界最大の霊廟は？

答　タージ＝マハル（インド）

世界最大の氷山は？

答　A23a（南極）

世界最小のカエルは？

答　パエドフリネ・アマウエンシス（パプアニューギニア）

世界最大の空港は？

答　キング・ファハド国際空港（サウジアラビア）

［左右対称につくられた世界最大の霊廟］

皇帝が亡き妻をしのんでつくった愛の象徴

⚜インド　タージ＝マハル

デリーの南、アグラにある白大理石の霊廟《れいびょう》「タージ＝マハル」は、ムガル帝国の皇帝シャー＝ジャハーンが、出産中に亡くなった妻ムムターズ＝マハルのためにつくったもので1632年に建設がはじまった。

白大理石に宝石や貴金属が埋め込まれ、美しく飾られている。左右対称で幾何学的なデザインも特徴的。内部はコーランが流麗に刻まれたカリグラフィー、花のモチーフ、象嵌《ぞうがん》細工が施されている。

内部はコーランや唐草模様で飾られている

［世界最大の氷山］

南極の海から流されてゆっくり回転中

⚜南極　A23a

2023年、世界最大の氷山「A23a」が、南極ウェッデル海の海底から離れて動きだしたことが報じられた。

A23aは厚さ約400メートル、面積は約4000平方キロメートルで、東京都の約2倍、埼玉県ほどの大きさという。

2024年1月には大きな穴が空いていることが発見された。その後さらに移動し、4月初旬にA23aは南極周極海流（ACC）に突入。サウスオークニー諸島の北に留まり、1日に約15度ずつ反時計回りに回転しているという。

近々、世界最大の氷山が崩壊する日がやってくることが予想されている。

世界最大の氷山A23aの移動コース

豆知識　A23aの氷に閉じ込められていた鉱物は溶けて海に拡散され、海洋食物連鎖の基盤を形成する栄養源となる。プランクトンからクジラまで、この氷山の絶滅から恩恵を受けることになる。

［世界最小のカエル］

7.7ミリ！世界最小の脊椎動物

♔パプアニューギニア　パエドフリン・アマウンシス

2009年、ルイジアナ州立大学がパプアニューギニアのアマウ川近くで撮影した世界最小のカエルの写真を公開した。世界最小の脊椎《せきつい》動物でもあり、7・7ミリの小ささであるという。

大学院生がアマウ村の生物多様性を研究していたときに発見。ニューギニアの熱帯雨林に堆積した落ち葉のなかにだけ生息し、鳴き声も大変小さく、体の色も土に似ているので捕獲はとても難しかったという。

これらの小さなカエルはダニなど小さな生物を食べるために小さな体に進化したことが推測されている。アマウ村にちなんでパエドフリン・アマウンシスと名づけられた。

アマガエルとの比較

［世界最大の空港］

東京23区より大きい！780平方キロの空港

♔サウジアラビア　キング・ファハド空港

世界最大の面積を持つ空港は、サウジアラビアにあるキング・ファハド国際空港である。

1999年に開業し、面積は約780平方キロメートル。東京23区より少し大きい。

滑走路や旅客ターミナル以外の部分は、砂漠地帯が広がっている。

空港名はアラビア第5代国王ファハド・ビン＝アブドゥルアズィーズにちなんで名づけられた。旅客ターミナル、駐車場の上にあるモスク、王室ターミナルなどの設計には、イスラーム建築様式が採用されている。

キング・ファハド国際空港の旅客ターミナル

豆知識　キング・ファハド国際空港は、建設計画開始が1976年、着工は1983年、6階建てのターミナルの完成を終えて開業したのが1999年。長い年月をかけて誕生した。

世界最大の活火山は？

答　マウナロア（アメリカ）

世界一の航空会社に選ばれたのは？

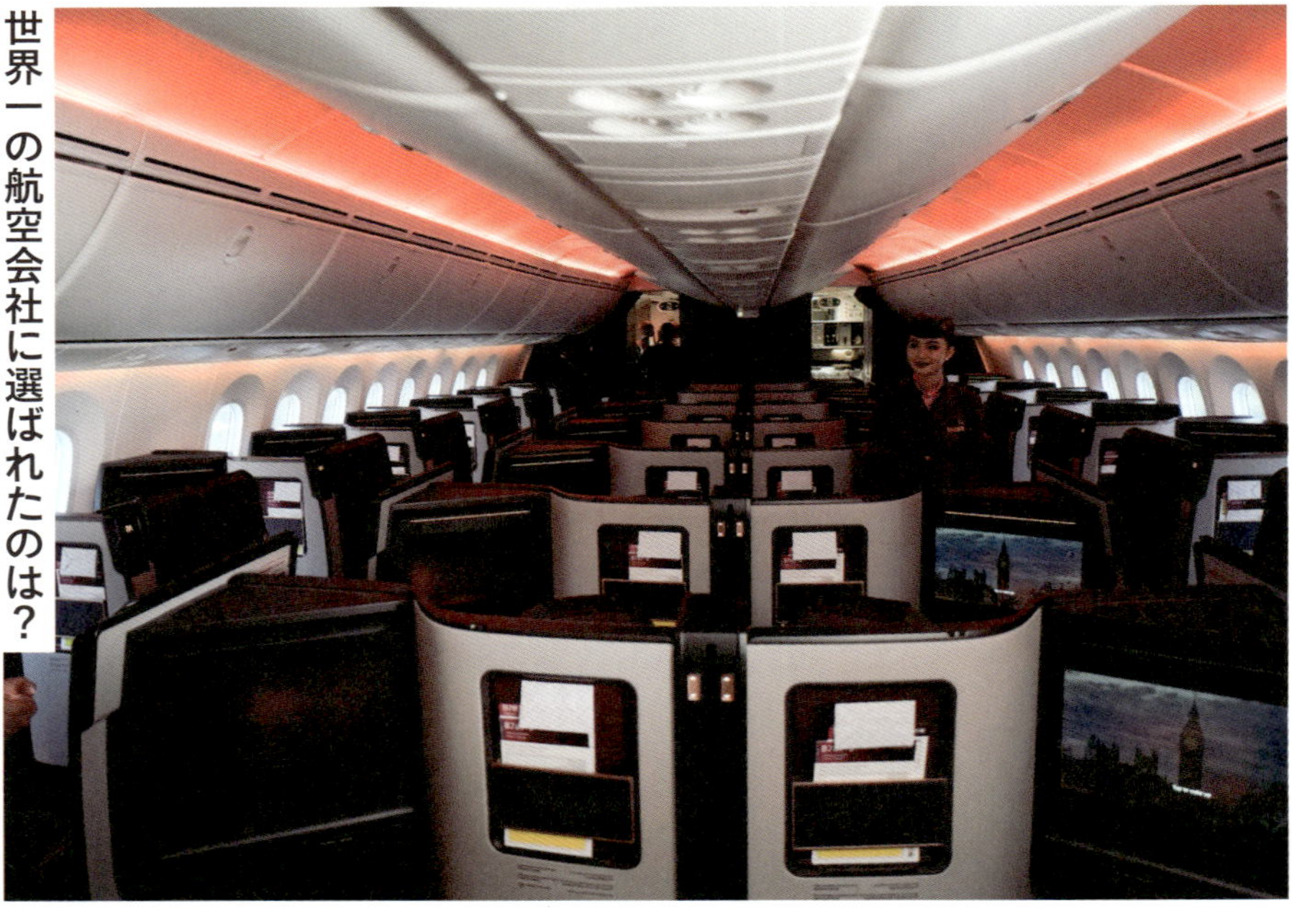

答　カタール航空（カタール）

世界一のゴマ生産国は？

答　スーダン

世界最大の湿地帯は？

答　パンタナル（ブラジル・ボリビア・パラグアイ）

［世界最大の活火山］

2022年、38年ぶりに噴火

⚜アメリカ　マウナロア

アメリカ・ハワイ島にある世界最大の活火山マウナロアが、2022年、38年ぶりに噴火した。

10月に何度かの地震があり、11月27日から溶岩の噴出がはじまった。100メートルもの高さになる溶岩の噴出も見られたが、12月10日にはほぼおさまった。

マウナロアとはハワイ語で「長い山」を意味し、ハワイ島の半分を占める、広く丸みを帯びた斜面が特徴的である。

科学者たちは、この火山の表面の90パーセントが過去4000年間に噴出した溶岩流でおおわれていると考えているとのこと。

マウナロアは近年では、平均5年に1回噴火している。2024年現在、小さい地震は観測されているが、危険な状態にはないとアメリカ内務省の機関であるアメリカ地質調査所が発表している。

［世界一の航空会社］

世界有数の富裕国にある1位の航空会社

⚜カタール　カタール航空

SKYTRAK社が発表した「2024世界の航空会社トップ10」1位にカタール航空が選ばれた。

格づけには「安全性と政府監査」「機体年齢や乗客の評価」「収益性」「安全性評価」「サービス評価」「革新性」「機体発注状況」など12の要素を踏まえられている。カタール航空は特に優れたサービスや革新性が評価された。

石油や天然ガスなど資源が豊富なカタールは世界有数の富裕国。カタール国民は電気・水道代、医療費、大学の学費が無料で、消費税や個人所得税もない。

1位	カタール航空（カタール）
2位	大韓航空（韓国）
3位	キャセイパシフィック航空（香港）
4位	ニュージーランド航空（ニュージーランド）
5位	エミレーツ航空（ドバイ）
6位	エールフランス航空／KLMオランダ航空
7位	全日空（日本）
8位	エティハド航空（アブダビ）

イギリスの格付会社SKYTRAKが発表した「2024世界の航空会社トップ10」

豆知識　2001年の同時多発テロ以来、産油国の資金が欧米ではなく中東に使われるようになった。高層建築や公共施設などドバイを中心に不動産開発が盛んであることに影響している。

［世界一のゴマ生産国］

年間120万トン生産 紛争はゴマ油にも影響

⚜スーダン

ゴマの原産地はエジプトかスーダンで、数千年前に誕生したといわれている。原産地が乾燥地帯なのでゴマは乾燥気候に強く、雨水だけで成長し、肥料や農薬なしで長年栽培できるのでコストもかからないという。一方で、栽培に大変な手間がかかるので、開発途上国の換金作物として活用されることが多い。

世界一のゴマ生産国であるスーダンは国内避難民数世界1位（出典：IDMC 2023年）、政府債務残高対GDP比が世界1位（出典：IMF 2023年）で、紛争が続き財政も苦しい状態にある。

2022年のスーダンのゴマ生産量は約120万トンだったが（出典：FAO）、2023年4月に国軍と準軍事組織の間で紛争が勃発し、戦闘が激化したため、2023年のゴマの収穫量は半減するのではないかといわれている。その影響を受け、原料のゴマのほとんどを輸入に頼る日本のごま油各社は価格を引き上げた。

［世界最大の湿地帯］

レヴィ＝ストロースも開高健も訪れた大湿原

⚜ブラジル／ボリビア／パラグアイ　パンタナル

パンタナル湿地の総面積は約19万5千平方キロメートルで、日本の本州とほぼ同じ広さである。世界最大の湿地帯で、ブラジル・ボリビア・パラグアイの3国にまたがって存在している。ジャガー、カピバラ、カイマン（ワニ）、トヨヨ（ハゲコウ）など貴重な生物がたくさん生息している土地でもある。

文化人類学者のレヴィ・ストロースは1930年代にパンタナルを訪れ『悲しき熱帯』にそのときの体験を記している。作家の開高《かいこう》健《たけし》は『オーパ！』にパンタナルへ黄金の魚ドラドを釣りにいく旅について書いた。

豆知識　政府債務残高対GDP比の世界1位はスーダンの316％で、2位が日本の252％である。主要先進国で政府の債務が成長率の2倍以上の高い数値を占めている国は日本のほかにはない。

世界最大のピンクダイヤモンドは？

答　ピンク・スター（香港）

世界最大の屋内観覧車は？

答　アレム（トルクメニスタン）

世界で初めての100階建て以上のビルは？

答　エンパイア・ステート・ビル（アメリカ）

世界一小さい国は？

答　ヴァチカン市国

［世界最大のピンクダイアモンド］

約80億円で落札された奇跡の59・6カラット

♔香港　ピンク・スター

世界最大のピンクダイアモンドの原石は、1999年に南アフリカで発掘された。原石は132・5カラットだった。

約2年をかけてミックスカットされた「ピンクスター」は59・6カラットの楕円形。アメリカ宝石学会（GIA）が内部欠陥のないものとして最大の「ファンシー・ビビッド・ピンクダイアモンド」と認定した。

2017年4月、香港に本社がある複合企業の周大福グループが、7120万ドル（当時の約80億円）で落札した。

ピンクダイアモンドは宝石として希少価値が最も高く、世界市場で最も需要が高いという。ピンクの色は、地中で高熱と圧力を受けることで形成されることがわかっているが、熱と圧力をさらに強く受けると茶色になる。ピンク・スターは驚異的な価格だけではなく、唯一無二の美しさでも歴史に残る存在である。

［世界最大の屋内観覧車］

白亜の都市に建てられた「宇宙」を意味する観覧車

♔トルクメニスタン　アレム

トルクメニスタンの首都アシガバートにある巨大な娯楽センターに、世界最大の屋内観覧車「アレム」が設置されている。その直径は47・6メートル、高さは75・3メートルで1度に192人をのせることができる。アレム（Alem）は宇宙を意味するという。

1991年にソ連が解体し、トルクメニスタンは独立国家共同体のひとつになり、現在も政府が経済を管理している。天然ガス埋蔵量が世界4位（2020年）で、50年以上も炎が消えないクレーター・地獄の門が話題になるなど、資源や広大な自然が注目されている。

一方、アシガバートは都市開発が進み、観光客誘致にも力を入れている。大理石の建物が世界一多い都市アシガバートは、白で統一された町並みが美しい。

世界最大の屋外観覧車はドバイにある「アイン・ドバイ」である。

豆知識　1995年にトルクメニスタンは永世中立国を宣言し、国連総会で承認されている。国際的な承認を得ている永世中立国はスイス、オーストリア、トルクメニスタンの3国。

［世界初の100階建て以上のビル］

世界一の高さでも完成時は空室率が80％だった

⚜アメリカ　エンパイア・ステート・ビル

1931年に完成したエンパイア・ステート・ビルの高さは381メートルで、完成当時は世界一高い、世界初の100階建て以上のビルだった。投資家のジョン・ジェイコブ・ラスコブや火薬製造で成功したデュポン、元ゼネラル・モーターズ取締役のルイス・G・カウフマンなどがエンパイア・ステート社を設立し、建設した賃貸ビルである。

世界一の高さで話題を呼んだにもかかわらず、完成当時のアメリカは世界恐慌による深刻な不況の渦中にあり、空室率が80％にもおよんでいた。しかしすぐに人気の観光地となり、世界一にふさわしい名所となった。

1933年のヒット映画『キングコング』にもエンパイア・ステート・ビルが登場

［世界一小さい国］

元首はローマ教皇宗教機関でもある国

⚜ヴァチカン市国

ヴァチカン市国はイタリア・ローマのなかにある世界最小の国。1929年のラテラノ条約によりローマ教皇領として独立したが、イタリアとの行き来にもパスポートは必要ない。面積は0・44平方キロメートルでディズニーシーと同じくらいの大きさである。

国の中央にあるサン・ピエトロ大聖堂はローマ＝カトリックの総本山で、324年にローマ皇帝コンスタンティヌス帝により創建された。修築がくり返され、現在の聖堂は1626年に完成。建て替え費用のために贖宥状《しょくゆうじょう》が乱発され、ルターの宗教改革のきっかけになったことでも知られる。ミケランジェロはサン・ピエトロ大聖堂の設計に打ち込み、これが遺作となった。

豆知識　1972年ワールド・トレード・センターが完成するまではエンパイア・ステート・ビルは世界一高いビルだった。

世界最古の紙幣は？

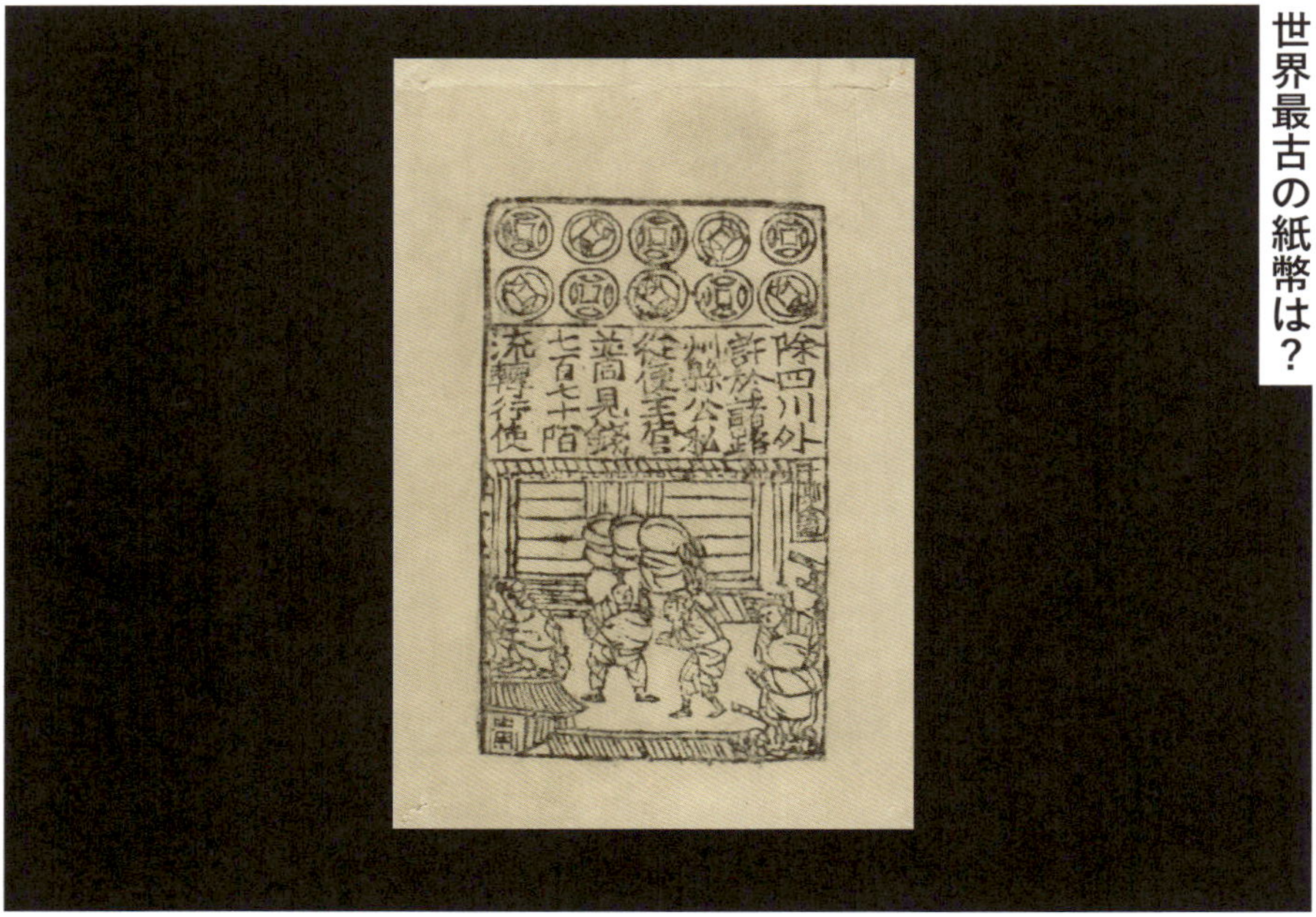

答　交子（中国）

世界最古の大学は？

答　アズハル大学（エジプト）

世界最古の運河は？

答　ミディ運河（フランス）

世界最大のゴム手袋生産国は？

答　マレーシア

【世界最古の紙幣】

四川の商人たちが使った為替文書が紙幣の起源

⚜中国　交子

11世紀頃、宋《そう》（北宋）時代に発行された世界初の紙幣が、「交子《こうし》」である。交子には「つき合わせて交換するもの」という意味があり、四川の商人たちが内地の商人たちと取引するための為替がはじまりとされている。交子は商人だけでなく広く使用され、1023年からは北宋の政府が引き継いで発行することになった。

1115年、中国東北部で勢力を拡大していた女真《じょしん》族《ぞく》が遼《りょう》から独立し、金《きん》を建国する。翌年には宋の首都・開封《かいほう》を侵略。金から逃れた高宗《こうそう》（宋の皇帝・欽宗《きんそう》の弟）が臨《りん》安《あん》を首都として復興したのが南宋である。

南宋は銅銭が圧倒的に不足したため、12世紀頃に「会《かい》子《し》」が発行され、紙幣が主な通貨となっていく。会子も臨安の商人が用いていた為替がもとになっていた。金も「交鈔《こうしょう》」という紙幣を発行していたが、その紙幣は金と南宋を滅ぼしたモンゴル帝国に受けつがれていく。

【世界最古の大学】

イスラームの知の最高峰千年の歴史を持つ大学

⚜エジプト　アズハル大学

世界最古の大学は諸説あるが、エジプトのカイロにあるアズハル大学は972年という設立年で世界最古といえる。まずアズハル・モスクが建設され、イスラーム教の指導者組織がつくられ、大学はその一部として設立されたという。

シーア派のファーティマ朝時代にはじまり、その後のマムルーク朝時代はスンニ派の大学となった。現在もイスラーム教スンニ派の最高学府で、最も伝統のある大学として世界中から学生が集まる。

約4万人の留学生が学び、国籍はアフガニスタン、ナイジェリア、セネガル、インドネシア、タイなどさまざまだ。

エジプトの教育は小学校から大学まで「一般系」と「アズハル系」の2つに分かれる。カイロ大学に進学するには一般系、アズハル大学に進学するにはアズハル系に、小学校から通わねばならない。

豆知識　アズハル大学からはアフガニスタンやモルディブ、インドネシアの元大統領、ナイジェリア初の億万長者、ハマスの創始者のひとりなどさまざまな人物が卒業している。

［世界最古の運河］

最先端の技術と知恵を集めて完成させた運河

⚜フランス　ミディ運河

鉄道がまだない17世紀、大西洋から地中海に貨物を輸送するための航路を約3千キロメートル短縮し、ジブラルタル海峡の通行税をスペインに支払わなくて済むように、運河の建設が考案された。ルイ14世の承認を得て、工事が開始されたのは1666年だった。

ガロンヌ川と地中海をつなげる工事は、分水嶺《ぶんすいれい》の頂上を安定して水が超えられるようにする設計が難しかった。そのために軍事測量、水路や水門の設計、世界初の運河トンネルの開通など当時の技術と知識の最先端を集め、1681年に完成している。

鉄道が開業して役目を終えたミディ運河は現在、世界遺産に認定され、観光名所になっている。

ミディ運河のコース

［世界最大のゴム手袋生産国］

米中関係を背景に要注目のゴム手袋業界

⚜マレーシア

世界最大のゴム手袋生産国・輸出国はマレーシアで、世界の市場の70%以上を占めている。ゴム手袋は医療、食品産業で用いられ、コロナ禍で特に需要が拡大した。

マレーシアはかつて天然ゴムの生産量が世界1位だったが、政策によって、原料を生産するだけでなく加工産業に力が注がれ、トップグローブやスーパー・マックスなど世界1位のゴム手袋企業が育った。

アメリカは再来年に中国製品のゴム手袋の関税を引き上げることを発表。マレーシアのゴム手袋企業の支社がアメリカに進出するなど、今後への影響がさらに注目されている。

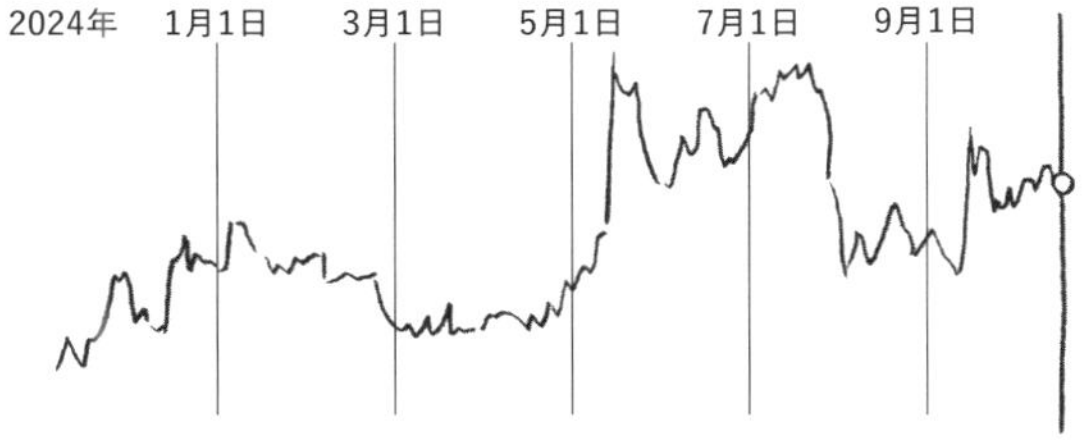

トップグローブ社の株の動き（2024年）。米中関係を背景に急騰をくり返している

豆知識　ミディ運河事業の発案者は塩税を徴収する役人だったピエール・ポール・リケ。土木の技術や知識のないリケは自分の人脈と資金を運河建設に注ぎ込んだ。完成を見届けず亡くなっている。

世界一のリチウム生産国は？

答　オーストラリア

世界最北のマクドナルドは？

答　ロバニエミのマクドナルド（フィンランド）

世界一動きが遅いほ乳類は?

答　ナマケモノ（コスタリカ）

世界一の長寿国は?

答　日本

［世界最大のリチウム生産国］

次世代電池に不可欠 リチウム争奪戦の激化

⚜オーストラリア

電気自動車やスマートフォンなどのバッテリーの原料として用いられ、再生可能エネルギーの普及に不可欠なリチウムの需要がますます高まっている。

世界最大のリチウム生産国はオーストラリアで、２０２１年の生産量は１９８万トン（出典：ＵＳＧＳ 炭酸リチウム換算ベース）だった。

その権益の争奪戦はますます激しくなっている。オーストラリアはリチウムの精錬・加工を中国に頼ってきたが、減税・予算割当の政策によって国内供給網の強化をはかっている。

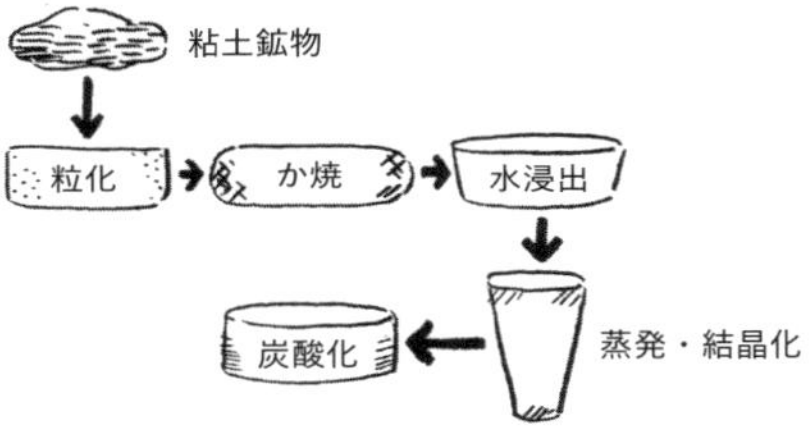

地球におけるリチウムの埋蔵量は少ないわけではないが精錬・加工にコストがかかる。大量に生産できるよう各国が技術や資金を投入している

［世界最北のマクドナルド］

サンタクロース村にあるマクドナルドのメニュー

⚜フィンランド　ロヴァニエミのマクドナルド

世界最北のマクドナルドは、フィンランド・ロヴァニエミにある。ロヴァニエミには「サンタクロースが住んでいる村」があり、毎日サンタクロースに会え、申し込めば手紙をもらうこともできる。

マクドナルドのメニューは日本とほぼ同じ。異なるのはマフィンのかわりに、フィンランドならではの「シナモンロール（kanelipulla）」があること。またライ麦のバンズがあるのも、ヴィーガン向けのバーガーが充実しているのも特徴的だ。

一時期はロシアのムルマンスク店が世界最北のマクドナルドだったが、ウクライナ侵攻を受け、ロシアからマクドナルドは全店撤退した。

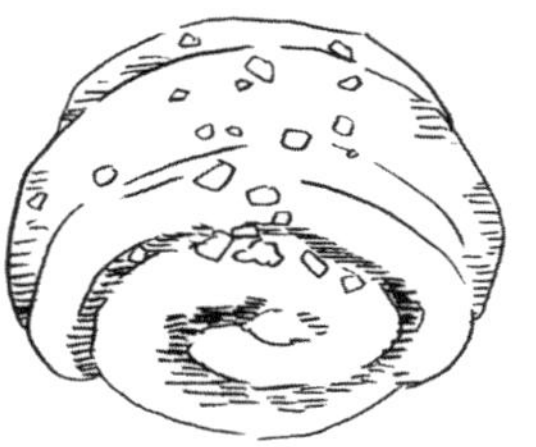

フィンランドのシナモンロール、kanelipulla

豆知識　レソトは世界で唯一、国土のすべてが標高1000メートル以上という国。さらにその3分の2が標高2000メートル以上の山岳国だ。レソトの通貨単位の「ロチ」は「山」という意味。

【世界一動きの遅いほ乳類】

本気で走っても1時間に1キロしか動けない

⚜コスタリカ　ナマケモノ

世界一動きの遅いほ乳類、ナマケモノが本気を出して動いても、そのスピードは時速1・6キロ。

ナマケモノが食べる葉は消化に約1ヶ月かかるため、新陳代謝が非常に遅く、すばやく動いたり体温を一定に調節したりしてエネルギーを使うわけにはいかないという。最長で20時間眠り、排便は1週間に1回であるのもエネルギーを使わないため。1日のエネルギー消費量は110キロカロリーという驚きの数字も報告されている。

毛に虫が生息し、
緑のコケも生えている

【世界一の長寿国】

平均寿命84・46歳 男女ともに長寿な国

⚜日本

2024年8月、世界保健機関（出典：WHO）が世界の平均寿命について発表し、日本が昨年に続き1位となった。

ただし、健康な状態で生きた年数を調べた世界の健康寿命ランキングでは、1位がシンガポール、日本は2位だった。

平均寿命が世界一短かったのはレソトの51・48歳。アフリカ南部の内陸にあるレソトは、イギリス連邦加盟国。貧困のため南アフリカへの出稼ぎ者が多く、成人の20％がＨＩＶに感染しているという。

1位	日本	84.46歳
2位	シンガポール	83.86歳
3位	韓国	83.80歳
4位	スイス	83.33歳
5位	オーストラリア	83.10歳
6位	ノルウェー	82.88歳
7位	ルクセンブルク	82.78歳
8位	スウェーデン	82.66歳

世界の平均寿命
ランキング
（出典：WHO　2021年）

豆知識　レソトは食料が不足しており、農業の近代化が急がれている。日本は賃金と技術の支援を行っている。名物のトラウト（ニジマス）は養殖も行われ、日本にも輸出されている。

世界最大の円形闘技場は？

答　コロッセオ（イタリア）

人類史上最大の建造物は？

答　万里の長城（中国）

世界一投票率が高い国は？

答　ラオス

水量が世界一多い滝は？

答　イグアスの滝（ブラジル・アルゼンチン）

［世界最大の円形闘技場］

2000年前も現在も世界最大の円形闘技場

⚜イタリア　コロッセオ

コロッセオは1世紀に、ローマ帝国フラウィウス朝の皇帝であるウェスパシアヌス帝とティトゥス帝によってつくられた。動物狩りや剣闘士の試合など、大衆に人気の見世物の舞台として使われていたという。

438年、ウァレンティニアヌス3世によって剣闘士競技が廃止されると、コロッセオはサン・ピエトロ大聖堂（103ページ上）の建築資材に使われるなど荒廃していった。つまり1000年以上経っても資材に使えるほど堅固な建造物だったといえる。

現在は世界遺産にも登録され、多くの観光客が訪れている。

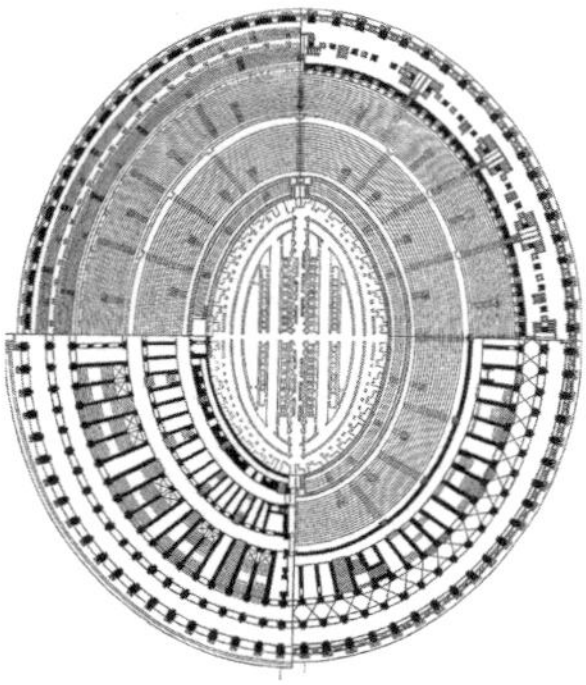

長径188メートル、短径156メートルの世界最大の円形闘技場

［人類史上最大の建造物］

月からも見える地球上の唯一の建造物？

⚜中国　万里の長城

人類史上最大の建造物、万里《ばんり》の長城《ちょうじょう》は「月からも見える」といわれるが、その壮大さを示す比喩であり本当に見えるわけではない。西端の嘉峪関《かよくかん》から東端の山海関《さんかいかん》まで全長6352キロメートルの長城は、遊牧騎馬民族の侵入を防ぐために北の国境に築かれた。

紀元前7世紀頃から、燕《えん》や趙《ちょう》などによって中国各地につくられ、秦《しん》の始皇帝《しこうてい》がすべてをつなげて「万里の長城」としたと伝えられる。前漢《ぜんかん》の武帝《ぶてい》が匈奴《きょうど》の侵入を防ぐため、さらに西に築いたものを現在も敦煌《とんこう》の玉門関《ぎょくもんかん》跡付近で見ることができる（114ページ下）。

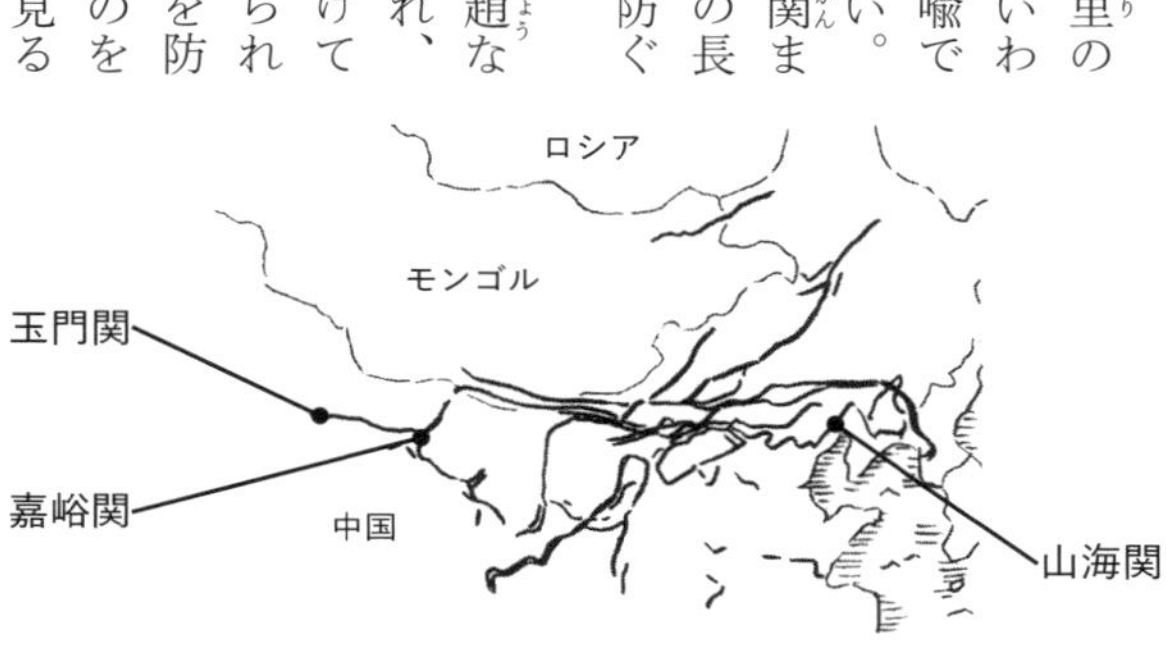

豆知識　一般的に万里の長城は嘉峪関から山海関までだが、もっと広範囲で長城の遺構が発見されている。その正確な全長はまだ算出できていない。

【世界一投票率が高い国】

選挙投票率は98% 1党体制が続く国

ラオス

スウェーデンに本拠を置く民主主義・選挙支援国際研究所（IDEA）が発表した2023年版世界の議会選挙投票率1位の国はラオスの98%だった。

ラオスはインドシナ半島にあり、カンボジア、タイ、ベトナム、ミャンマー、中国と国境を接している。

帝国主義時代にフランスの植民地になったラオスは、第2次世界大戦後に独立するが、王国政府軍と左派との内戦が起きる。1975年にラオス人民共和国となって以来、人民革命党による一党体制が続いている。

1位	ラオス	98.02
2位	ナウル	97.09
3位	シンガポール	95.81
4位	ベトナム	95.60
5位	エチオピア	93.64
6位	ルワンダ	93.04
7位	トルクメニスタン	91.12
8位	ウルグアイ	90.13

世界の議会選挙
投票率ランキング
（出典：IDEA　2023年）

【世界一の水量の滝】

大いなる水、悪魔の喉笛と呼ばれる壮大な滝

ブラジル・アルゼンチン　イグアスの滝

250以上の滝が集まるイグアスの滝は、水量の多い時期には毎秒約6万5千トンという、世界一の水量が流れ落ちる。

イグアスの滝のなかで最も大きい滝は「悪魔の喉笛《のどぶえ》」呼ばれる。長さ約150メートル、高さ約82メートル（30階建てのビルと同じくらいの高さ）にもおよび、平均流量は毎秒1800立方メートル（約1分間でオリンピック用プール36個分の水が流れる）。

滝は約200万年前の火山噴火で誕生したという。水は川に流れ、約1億2000年前にできた溶岩渓谷に流れ込む。

イグアスの滝周辺はアカハナグマ、オニオオハシ、シロガオオマキザルなど珍しい動物たちが生息している

豆知識　「イグアス（Y Guazú）」とはアメリカ先住民の言語であるグアラニー語。「大いなる水」という意味である。

世界最古の動物の絵は？

答　イノシシの絵（インドネシア）

世界最高齢のカメは？

答　ゾウガメのジョナサン（イギリス領セントヘレナ島）

世界最大だった輸送機は？

答　アンントノフAn-225ムリーヤ（ウクライナ）

世界一のプラチナ生産国は？

答　南アフリカ

［世界最古の動物の絵］

約4万年前に描かれたイノシシの絵

インドネシア　スラウェシ島

現在、世界最古と見られている動物の壁画が、インドネシア・スラウェシ島にあるスンパン・ビタ洞窟で見つかったイノシシの壁画である。

ひとつの洞窟で3匹、別の洞窟で1匹の絵が見つかっており、どれもイノシシの体は約130センチほどで、スラウェシ・イノシシの特徴である顔のイボも描かれていた。スラウェシ島では人類が数万年前からイノシシの狩猟を行っていたことがわかっており、この絵は約4万年前に描かれたものであることが推測されている。

1頭のイノシシが、向かい合う2頭のイノシシを見ているような絵が描かれ、左端には人の手形がつけられている

［世界最高齢のカメ］

192歳のゾウガメジョナサン

イギリス領セントヘレナ島　ゾウガメのジョナサン

世界最高齢のカメは推定192歳、ゾウガメのジョナサンである。いまでは嗅覚と視覚を失い、エサに気づくことができないので、人間の手からエサを食べさせてもらっている。

一時期は何も見えないため小枝や葉、土を食べていたが、島の獣医師が異変に気づき、リンゴ、ニンジン、キュウリ、バナナ、グアバなどが与えられている。

生まれた年は推定1832年頃。後にセントヘレナ島総督になるウィリアム・グレイウィルソン卿に贈られて、1882年に東アフリカのセーシェルからセントヘレナ島にやってきた。

セントヘレナ島は1815年にナポレオンの流刑地として選ばれた場所である。1821年に島内のロングウッドハウスでナポレオンは亡くなった。その後、1833年にセントヘレナ島はイギリス王室の植民地となり、現在もイギリス領である。

豆知識　世界最高齢の脊椎動物は、400歳近いニシオンデンザメと推測されている。冷温のなかで暮らすことで代謝が遅くなり、それが長寿につながっていると考えられている。

［世界最大だった輸送機］

日本にも物資を届けた幅88メートルの巨大機

⚜ウクライナ　アントノフAn-225ムリーヤ

世界最大だった輸送機アントノフAn-225「ムリーヤ」は、2022年、ロシアのウクライナ侵攻によって破壊された。

現在、使える部品を回収して組み立て、復元する作業が進められている。現役の輸送機として、全長84メートル、翼幅約88メートルは世界最長だった。

2011年、ムリーヤは東日本大震災時の支援物資をのせ、フランスから日本の成田空港へ飛来した。

2024年7月にはウクライナの国営軍需企業が、ムリーヤの再建計画を進めていることを公表した。

破壊されたムリーヤ

［世界一のプラチナ生産国］

数々の生産量世界一を誇る鉱物資源の宝庫

⚜南アフリカ

脱炭素化・持続可能なエネルギーへの取り組みが求められる時代において、世界の需要が高まっている鉱物資源を、南アフリカは豊富に生産している。

たとえば南アフリカが生産量1位であるプラチナは、脱炭素化時代のエネルギー転換技術に必要な鉱物で、これからますます需要が大きく増えると予想されている。

しかし数々の資源が豊富な一方で、南アフリカはかつての植民地支配や人種隔離政策の影響がいまだ残り、教育やインフラが整わない。現在も貧困率は世界1位となっている。

クロム鉄鉱（クロマイト）	生産量1位（2022年）
マンガン	生産量1位（2022年）
プラチナ（白金）	生産量1位（2022年）
白金族金属	生産量1位（2022年）
バナジウム	生産量3位（2022年）
パラジウム	生産量2位（2022年）
チタン	生産量4位（2022年）
ジルコニウム	生産量2位（2022年）

南アフリカの生産量がランキング上位の資源
（出典：USGS　2022年）

豆知識　119ページ下の写真は、南アフリカ・ラステンバーグにあるプラチナ鉱山の空撮。近隣に世界最大級の鉱山がたくさんある。

世界最古の人類が発見された場所は？

答　ジュラブ砂漠（チャド）

世界最大の水力発電所は？

答　三峡ダム（中国）

世界初の株式会社は?

答　オランダ東インド会社（オランダ）

世界最大のチョコレート工場は?

答　バリー・カレボー　ヴィーゼ工場（ベルギー）

［世界最古の人類が見つかった場所］

人類最古の祖先は約700万年前に誕生

♆チャド　ジュラブ砂漠

現在発見されている人類最古の祖先は、サヘラントロプス・チャデンシスである。

約700万年前のものと思われる頭蓋骨《ずがいこつ》が2001年にチャド北部にあるジュラブ砂漠のトロスメナラ地域で発見され、「トゥーマイ」と名づけられた。

直立二足歩行の成立が、人類かどうかの判断基準となっている。CTスキャンを撮ってコンピュータで解析し、3次元モデル化によってゆがみを補正して復元したところ、人類であることが明らかになったという。

サヘラントロプス・チャデンシスの頭蓋骨

［世界最大の水力発電所］

三国志の白帝城も孤島に変えたすごい貯水容量

♆中国　三峡ダム

中国の三峡《さんきょう》ダムは約2250万キロワットの発電容量をほこる、世界最大の水力発電所。1994年に長江《ちょうこう》で建設が開始され、2012年に全機能が稼働した。

高さは約185メートル、長さ約2335メートル、総貯水容量約393億立方メートルという規模で、中国の石炭の消費量や二酸化硫黄《いおう》排出量を大幅に減らすといわれている。

ダムの稼働によって洪水予防や、電力と航路の確保が実現できる一方、環境の破壊も問題視されている。『三国志』で劉備《りゅうび》が逃れた白帝城《はくていじょう》は断崖絶壁にあったが、ダムの建設で水位が上がり、孤島になってしまった。

孤島になってしまった白帝城

豆知識　猿人の化石の発見場所から人類は東アフリカで進化したと思われていたが、サヘラントロプス・チャデンシスがアフリカ中部で見つかったことで進化の場所も再検討が行われている。

［世界最古の株式会社］

現代の株式会社の原型が17世紀のオランダで誕生

⚜オランダ　オランダ東インド会社

1602年、東インドへの遠洋貿易のために設立されたオランダ東インド会社が、世界初の株式会社といわれている。

船や港を整備して商品を買いつけるための、長期的な出資を商人たちからつのり、もうけに応じて配当するシステムを構築した。出資者は出資額を超える責任を負わないこと、株式を証券取引所で自由に売買できることなどは、現代の株式会社の原型といえる。

現在、アムステルダム海洋博物館の近くには、東インドへ航海したオランダ東インド会社の船のレプリカが展示されている(123ページ上)。

この船には左右両方に、4つずつ大砲が搭載されている。当時のスペインやポルトガルとの、海上利権の争いがいかに激しかったか、航海が命がけだったことを実感することができる。

［世界最大のチョコレート工場］

毎日1000トンのチョコレートを生産

⚜ベルギー　バリー・カレボー　ヴィーゼ工場

世界最大のチョコレート工場は、ベルギーのレブベーケにあるバリー・カレボーのヴィーゼ工場であるといわれている。

バリー・カレボーは1996年にベルギーのチョコレート会社のカレボーと、フランスのチョコレート会社カカオバリーが合併して誕生した。本社はスイスのチューリッヒにあるが、世界最大のチョコレート工場はカレボー創業の地である、ベルギーの小さな村ヴィーゼにある。ヴィーゼ工場では毎日1000トンものチョコレートが生産されているという。

ベルギーでチョコレート産業が大きく発展したのは、1885年に国王レオポルド2世がアフリカのコンゴを私有地化し、カカオ生産をはじめたため。

現在は世界のカカオブームがコンゴやコートジボアールに利益をもたらしつつ、カカオ畑をつくるための原生林の破壊が深刻な問題になっている。

豆知識　ベルギーではチョコレートの成分が1894年以来、法律で規制されている。純ココアの含有量が最低でも35%以上でないとチョコレートとはいえないことが定められた。

世界一肥満率が高い国は？

答　アメリカ領サモア

世界で唯一、塩でつくられたホテルがある場所は？

答　ウユニ塩湖（ボリビア）

湖が世界で一番多い国は？

答　カナダ

世界最大のカーネーション輸出国は？

答　コロンビア

［世界一肥満率が高い国］

南海の孤島で生きのびたサモア人の遺伝子

♔アメリカ領サモア

２０２２年にWHOが公開したデータによると肥満率が世界一高い国はアメリカ領サモア。

２０１６年、サモアで約３０００人のゲノム関連解析を行った結果、エネルギー消費を減らして脂肪をたくわえる遺伝子が見つかったことが発表された。食料不足の時代に、この遺伝子が南海の孤島で暮らすサモア人の役に立っていたと考えられている。

また、現代の食事が大きく変わったことも肥満の要因にあげられている。カニ、ココナッツ、タロイモを摂取していた昔と異なり、現代はポテトチップス、ケーキの摂取量がとても多いという。

タロイモを焼いた伝統食

［塩でつくられた世界唯一のホテル］

世界最大の塩湖にある塩でつくられたホテル

♔ボリビア　ウユニ塩湖

ウユニ塩湖《えんこ》は、ボリビア・アンデス山脈の標高約３６５６メートルにある。富士山より高い場所にある塩の平原だ。雨季に平原が水でおおわれると、「天空の鏡」のように空を反射する。かつてアンデス山脈は海底だったが地殻変動で隆起し、山脈地帯に閉じこめられた海水が湖をつくった。塩湖の大きさは約１万２千平方キロメートルで、島もあり、その表面はサンゴの化石でおおわれている。昔、インカの人々が植えたと伝えられているサボテンも生えている。

ウユニ塩湖には世界唯一の「塩のホテル」があり、建物は塩のブロックでつくられている。

ウユニ塩湖にある塩のホテル

豆知識　世界最大の湖はカスピ海で、ロシアとアゼルバイジャン、イラン、トルクメニスタン、カザフスタンの５国に面している。２位はカナダとアメリカにまたがるスペリオル湖である。

［湖が世界で一番多い国］

資源と伝説 300万以上の湖

⚜カナダ

カナダは湖が世界最多の国で、その数は300万以上といわれている。氷河時代のカナダは氷におおわれていたため、氷河が岩盤を削り、後にそこに水が溜まって湖になった。

アルバータ州のルイーズ湖（128ページ上）は、多次元の世界とこの世を結ぶ「門」であると考えられ、先住民のストーニー・ナコダ族の信仰の対象になっている。

ユートピア湖には「チピトカーム」と呼ばれる馬の頭を持つ蛇が住むといわれている。美しく壮大な湖にはさまざまな伝説が残されている。

カナダには、メンフレマゴク湖に「メンフレ」という怪物がいるという伝説もある。メンフレの姿を想像してつくられたオブジェが街に飾られている

［世界最大のカーネーション輸出国］

日本の母の日を支える花の国・コロンビア

⚜コロンビア

コロンビアはオランダについで、花の輸出量が世界2位の国。なかでもカーネーションの輸出量は世界1位で、日本のカーネーションの68％はコロンビア産である。

コロンビアはコーヒーや花が育てやすい「コーヒーベルト」と呼ばれる地域にあり（赤道を中心に北緯2度、南緯25度）、首都ボゴタ近郊の標高2650メートルにある高原サバンナで輸出花の多くが栽培されている。1年を通して季節の変化が少なくて日当たりがよく、高温多湿でない気候が、カーネーションの栽培に適しているという。

コーヒーベルトは花が育てやすい地域とも重なる

豆知識　2024年に初めて文庫化され、話題になった『百年の孤独』の舞台はコロンビアの架空の村。著者のガブリエル・ガルシア＝マルケスはコロンビア北部のアラカタカで生まれた。

世界最古の独立国は？

答　エチオピア

ジェンダー・ギャップ指数が世界1位の国は？

答　アイスランド

消費者物価上昇率が世界一の国は？

答　ジンバブエ

世界最古のピラミッドは？

答　ジェセル王のピラミッド（エジプト）

【世界最古の独立国】

ソロモン王から続く3000年の歴史

◆エチオピア

旧約聖書に出てくる古代イスラエルのソロモン王とシバの女王の間に生まれたメネリク1世が、紀元前10世紀頃にエチオピアを建国したと伝えられている。紀元前5世紀のアクスム王国、13世紀のエチオピア帝国もメネリク1世の直系であることを、王位の正当性とした。

アフリカ各国がヨーロッパ諸国に植民地支配されるなか、エチオピアも1895〜1896年にイタリア軍の侵入を受けたが、アドワで撃退し独立を維持した。1974年に軍事クーデタが起きて社会主義国となり、エチオピア帝国の歴史は幕を閉じた。

エチオピアではキリスト教も独自の長い歴史があり、4世紀頃にエチオピア正教会がアクスム王国の国教として認められている。世界遺産に認定されたラリベラの岩窟《がんくつ》教会群（130ページ上）は12〜13世紀のザグウェ朝時代に建設されたと考えられている。

【ジェンダー・ギャップ指数が世界1位】

世界初の女性国家元首が選挙で選ばれた国

◆アイスランド

スイスの非営利団体「世界経済フォーラム」は経済・教育・健康・政治の分野ごとにデータを用い、ジェンダー・ギャップ指数を算出している。0が完全不平等、1を完全平等の状態を示す。

2024年に発表された結果では、1位はアイスランドで、日本は146国中の118位。

アイスランドは15年にわたって1位を守り、男女格差が90％以上解消された唯一の経済国であり続けている。1980年にはヴィグディス・フィンボガドゥティル（130ページ下）が大統領に就任し、世界初の女性国家元首となった。

1位	アイスランド	0.935
2位	フィンランド	0.875
3位	ノルウェー	0.875
4位	ニュージーランド	0.835
5位	スウェーデン	0.816
6位	ニカラグア	0.811
7位	ドイツ	0.810
8位	ナミビア	0.805

最下位の146位はスーダンの0.568、118位の日本は0.663。
世界経済フォーラム
「Global Gender Gap Report 2024」

豆知識 2024年6月、実業家のハトラ・トーマスドッティがアイスランドの大統領に選ばれた。アイスランド史上2人目の女性大統領が誕生した。

［消費者物価上昇率が世界一の国］

かつては0が14個並ぶ100兆ドル紙幣も発行

♔ジンバブエ

2023年にIMFが発表したデータによると消費者物価上昇率（インフレ率）世界一の国はジンバブエ。上昇率は667・36％だった。

ジンバブエは2008年に物価上昇率2億％というハイパーインフレを経験。2019年にも再びハイパーインフレが起きて、100兆ジンバブエ・ドル紙幣が発行されるなど混乱をきたした。現在はアメリカ・ドルなど複数の通貨が用いられている。

2024年4月から新通貨ジンバブエ・ゴールドが導入されたが、切り替えの発表が数日前だったため、首都ハラレの銀行では預金を引き出す人々の行列がつくられたという。

新通貨を求めて銀行に並ぶ人々

［世界最古のピラミッド］

水圧リフトで建設？ 階段ピラミッドの新説

♔エジプト　ジェセル王のピラミッド

古代エジプト人はピラミッドをメル、ムルと呼んだ。それは高い場所、階段、昇天の場を意味し、世界最古のピラミッドであるジェセル王のピラミッドをはじめ階段状のものが多くつくられている。

ジェセル王のピラミッドは紀元前27世紀頃に建てられたと推測される。段数は6段、高さは62メートル。300キログラムの巨石をどのように積み上げたかはいまだに不明だが、地下200メートルの深さのシャフトが分析されたことで、水圧リフトを使って建設されたのではないか？　という新たな説が検証されている。

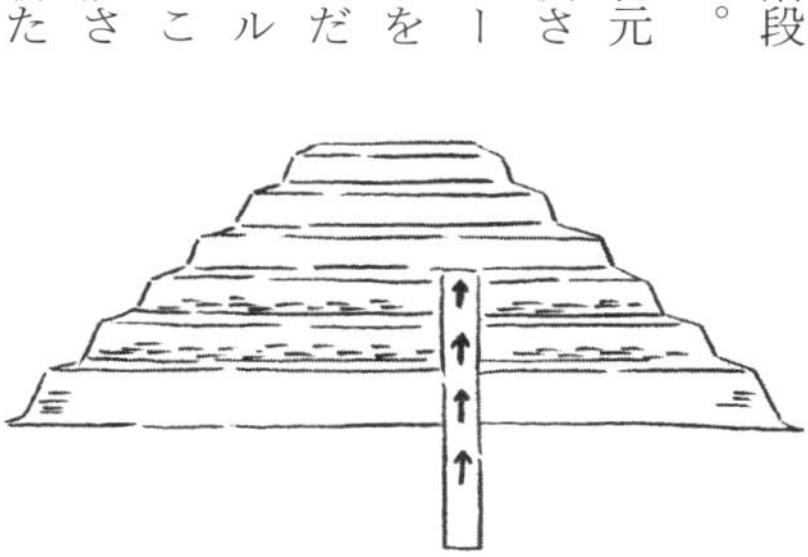

ジェセル王のピラミッドでは内部のシャフトを用いた水圧リフトによって巨石を積み上げたのではないかという説が検証されている。

豆知識　ピラミッドという言葉は、ギリシア語で四角錐（すい）の形のパンを意味する「ピラミス」がその由来とされている。

元教会だったモスクのなかで世界最大のドームを持つのは？

答　ハギア＝ソフィア聖堂（トルコ）

世界最古の映画館は？

答　エデン・シネマ（フランス）

イスラーム文化とキリスト文化が融合した世界唯一の宮殿は？

答　アルハンブラ宮殿（スペイン）

世界一の高級ヘルメット生産国は？

答　日本

［元教会のモスクのなかで世界最大のドーム］

帝国が奪い合った波乱万丈、奇跡のドーム

⚜トルコ　ハギア＝ソフィア聖堂

トルコ名では「アヤ＝ソフィア」と呼ばれるハギア＝ソフィア聖堂は2度火事で燃えたあと、東ローマ皇帝ユスティニアヌス帝によって537年にコンスタンティノープル（現在のイスタンブル）に再建された。当時、高さ55・6メートル、直径31メートルのドームは世界最大だった。1204年、コンスタンティノープルが第4回十字軍に占領されたときはカトリックの影響下に置かれたが、それ以外はずっとギリシア正教会（東方正教会）の総本山とされてきた。

1453年にはオスマン帝国のメフメト2世がコンスタンティノープルを占領。ハギア＝ソフィア聖堂はミナレットがつけられモスクに改築された。1923年にトルコが共和国になると、博物館になり、キリスト教時代のモザイク画をよみがえらせるなど修復が行われた。2020年にはエルドアン大統領によってモスク化が発表されたが現在も観光客に公開されている。

［世界最古の映画館］

リュミエール兄弟が撮った史上初の映画を上映

⚜フランス　エデン・シネマ

2013年、フランス南東部マルセイユ近郊にある町ラ・シオタで、世界初にして最古の映画館「エデン・シネマ」が再オープンした。

この映画館で、1899年にフランスのリュミエール兄弟が史上初の映画、シネマトグラフ（活動写真）を上映している。

そのなかの1本であるルイ・リュミエール監督の『ラ・シオタ駅への列車の到着』はじめ『水をかけられた散水夫』『赤ん坊の食事』などは撮影もラ・シオタで行われた。

リュミエール家が住んだ別荘がいまもラ・シオタに残されている。

『ラ・シオタ駅への列車の到着』

豆知識　リュミエール兄弟の名がつけられた映画館、シネマ・ル・リュミエールもラ・シオタあったが、2018年に閉館し、110年の歴史に幕をおろした。再開を求める運動が続いている。

［イスラーム文化とキリスト文化の宮殿］

水と緑と幾何学模様が美しい中庭

スペイン　アルハンブラ宮殿

アルハンブラ宮殿は、イベリア半島における最後のイスラーム王朝となったナスル朝の首都グラナダにある。

8世紀頃からはじまったキリスト教徒によるレコンキスタ（国土回復）は、スペイン王であるイザベルとフェルディナンドがアルハンブラ宮殿を、1492年に無血開城したことで完結する。

アルハンブラ宮殿は、8世紀に再興されたイスラーム帝国の後ウマイヤ朝の砦《とりで》にはじまり、何世紀もかけてつくられた複合的な宮殿都市である。イスラーム庭園文化、ルネサンス様式、アラベスク模様、ムカルナス装飾、ムーア人の要塞など見どころはたくさん。

特に水と緑と幾何学模様に彩られたパティオ（中庭）がいくつもあるのはイスラーム文化ならでは。現代でもアンダルシア地方の一般住宅に中庭がつくられることが多いのは、イスラーム文化の名残といえる。

［世界一の高級ヘルメット生産国］

SHOEI、ARAI 2大ヘルメットメーカー

日本

世界のヘルメットはSHOEIが6割、ARAIが3割、残りをドイツのシューベルト社が占めている。特にコロナ禍によるアウトドア需要でSHOEIは業績を伸ばした。

販売個数はコロナ前より1・5倍、売上も2倍に増えたという。快適性、安全性、走行時の風の音の軽減など品質が全世界で評価されている。

今後は中国、東南アジアに進出し、さらなるシェアの拡大が予想される。

世界一のシェアをほこる日本の企業

日本電子の電子顕微鏡。ノーベル賞を受賞する研究も支える

カネカのウィッグやエクステ。アフリカの女性たちに大流行

豆知識　世界一のシェアをほこる日本の会社は、YKKのファスナー、リンゴ酸の扶桑化学工業、自動車シート用生地のセーレン、シリコンウエハーの信越化学などほかにもたくさんある。

は

ま

や

ら

わ

さくいん

あ

か

参考文献

『人生を彩る教養が身につく 旅する世界史』佐藤幸夫（KADOKAWA）
外務省ウェブサイト
日本貿易振興機構ウェブサイト
GLOBAL NOTE
『データブック オブ・ザ・ワールド 2024』（二宮書店）
『世界国勢図会2024/25』（矢野恒太郎記念会）
『世界史年表・地図』（吉川弘文館）
『デパートの誕生』（鹿島茂）講談社学術文庫
『西洋貨幣史』久光重平（国書刊行会）
『マゼラン船団 世界一周 五〇〇年目の真実』大野拓司（作品社）
『ブラームス回想録集〈第3巻〉ブラームスと私』音楽之友社
『世界遺産をもっと楽しむための西洋建築入門』鈴木博之（JTBパブリッシング）
『タワーの文化史』河村英和（丸善出版）
『長城の中国史』阪倉篤秀（講談社）
『高層建築物の世界史』大澤昭彦（講談社現代新書）
『ペソアと歩くリスボン』フェルナンド・ペソア（彩流社）
『歴史と人口から読み解く東南アジア』川島博之（扶桑社BOOKS新書）
『東南アジアで学ぶ文化人類学』箕曲在弘、二文字屋脩、吉田ゆか子（編集）（昭和堂）
『帳簿の世界史』ジェイコブ・ソール（文藝春秋）
『メディチ宮廷のプロパガンダ美術』松本典昭（ミネルヴァ書房）
『パリ大図鑑』ペルーズ・ド・モンクロ（西村書店）
『世界でいちばん石器時代に近い国パプアニューギニア』山口由美（幻冬舎新書）
『ウガンダを知るための53章』吉田昌夫、白石壮一郎（明石書店）
『会計の世界史』田中靖浩（日経BPマーケティング）
『会計と経営の七〇〇年史』田中靖浩（ちくま新書）
『イングランド銀行公式 経済がよくわかる10章』（すばる舎）
『税金の世界史』ドミニク・フリスビー（河出書房新社）
『物語 オランダの歴史』桜田美津夫（中央公論新社）
『オランダ東インド会社』永積昭（講談社学術文庫）
『ワーグナー』吉田真（音楽之友社）
『図説 ヴェルサイユ宮殿』（河出書房新社）
『都市計画の世界史』日端康雄（講談社現代新書）
『物流の世界史』マルク・レヴィンソン（ダイヤモンド社）
『インドネシア』加藤久典（ちくま新書）
『ビジュアル博物館　貨幣』（同朋舎）
『興亡の世界史　イスラーム帝国のジハード』小杉泰（講談社学術文庫）
『ジャン＝ジャック・ルソーと音楽』海老澤敏（ぺりかん社）
『アジアの仏教建築』中川 武（丸善出版）
『トリバネアゲハの世界』近藤 典生、西田 誠（編集）（信山社）

写真提供

アフロ、Shutterstock、Getty Images

p.015：AP／アフロ
p.018上：Department of Archaeology University College Cork／AP／アフロ
p.018下：Universal Images Group／アフロ
p.019上：akg-images／アフロ
p.019下：Michel Porro／Getty Images
p.026下：J. Ramseyer Orrell／SLAC NAL／SWNS／アフロ
p.027上：AP／アフロ
p.032下：「AGENDA」1896年／ボン・マルシェが発行した手帳
p.041上：「Mr.Owen's institution,New LanarkHunt」George　New York Public Library
p.041下：「Il Ridotto di palazzo Dandolo a San Moisè」Francesco Guardi　1746年
p.042下：Anadolu／Getty Images
p.043上：SWNS／アフロ
p.060上：AP／アフロ
p.066上：The Egyptian Ministry of Antiquities／ロイター／アフロ
p.075上：Europa Press News／Getty Images
p.075下：REX／アフロ
p.083：University of Western Australia／Cover Images／INSTARimages／アフロ
p.086、p.090：ロイター／アフロ
p.091上：Nikita Greydin／Baltic Shipyard／ロイター／アフロ
p.094下：Rob Suisted／Nature's Pic Images／ロイター／アフロ
p.095上：Louisiana State University／AP／アフロ
p.098上：Douglas Peebles／アフロ
p.099上：ロイター／アフロ
p.102上：Sotheby's／SWNS／アフロ
p.110上：Bloomberg／Getty Images
p.118上：Fadil Aziz／Alcibbum Photograph／Getty Images
p.118下：Shutterstock／アフロ
p.119上：AP／アフロ
p.122下：新華社／アフロ
p.123下：ロイター／アフロ
p.127下：AP／アフロ
p.130下：ロイター／アフロ
p.133上：ロイター／アフロ
p.134下：ロイター／アフロ

監修：佐藤幸夫（さとう・ゆきお）
代々木ゼミナール・ユーテラ（YouTubeの寺子屋）の世界史講師。通史・文化史・テーマ史から早慶・関関同立などの大学対策講座まで多数の講座を担当。特にYouTubeでは、大学受験のみならず、社会人のための学び直し世界史のため、精力的に配信活動を行っている。個人のYouTubeチャンネルでは、〈社会人のための世界史class（セカシャカ）〉〈受験生のための世界史class（セカジュ）〉などターゲットを分けた配信を主に月一で行う。現在はエジプトに住み、授業収録のために年3〜4ヶ月帰国し、その際、イベントなども開催している。また、エジプト・トルコをはじめとする中東やスペイン・東欧・インド・カンボジアなどを訪れる〈旅する世界史ツアー〉を企画。訪れた国は100ヶ国以上、目にした世界遺産は400を超える。これらの旅のエピソードを授業のスパイスに、楽しくかつ興味がわき、成績も上がる予備校界&YouTube界屈指の世界史講義を全国に届けている。『人生を彩る教養が身につく旅する世界史』（KADOKAWA）はじめ著書多数。

●ユーテラ授業チャンネル
（YouTubeの寺子屋） 佐藤幸夫

●世界史予備校講師
佐藤幸夫 Yukio Sato チャンネル
（YouTube）

編集協力 オフィスM
イラスト みの理
デザイン 平塚兼右（PiDEZA Inc.）

世《せ》界《かい》の歴《れき》史《し》・経《けい》済《ざい》・自《し》然《ぜん》環《かん》境《きょう》がわかる！ なんでも世《せ》界《かい》一《いち》図《ず》鑑《かん》

2024年12月25日 初版発行

監修 佐《さ》藤《とう》幸《ゆき》夫《お》
発行所 株式会社 二見書房
東京都千代田区神田三崎町2—18—11
電話 03（3515）2311［営業］
振替 00170—4—2639
印刷 株式会社 堀内印刷所
製本 株式会社 村上製本所

落丁・乱丁本はお取り替えいたします。定価はカバーに表示してあります。

ISBN978-4-576-24112-8
https://www.futami.co.jp/